U0927453

高校休闲教育研究

Research on Leisure Education in Colleges and Universities

高玉珍 著

中国社会科学出版社

图书在版编目(CIP)数据

高校休闲教育研究/高玉珍著.—北京：中国社会科学出版社，2023.6
ISBN 978-7-5227-1921-4

Ⅰ.①高…　Ⅱ.①高…　Ⅲ.①高等学校—休闲娱乐—体育运动—体育教育—研究　Ⅳ.①G807.4

中国国家版本馆 CIP 数据核字(2023)第 084874 号

出 版 人　赵剑英
责任编辑　赵　丽
责任校对　王桂荣
责任印制　王　超

出　　版　中国社会科学出版社
社　　址　北京鼓楼西大街甲 158 号
邮　　编　100720
网　　址　http://www.csspw.cn
发 行 部　010-84083685
门 市 部　010-84029450
经　　销　新华书店及其他书店

印　　刷　北京明恒达印务有限公司
装　　订　廊坊市广阳区广增装订厂
版　　次　2023 年 6 月第 1 版
印　　次　2023 年 6 月第 1 次印刷

开　　本　710×1000　1/16
印　　张　12.25
插　　页　2
字　　数　202 千字
定　　价　68.00 元

前　　言

中国高等教育进入高质量发展阶段，促进大学生自由全面发展是高等教育高质量发展的重要目标。社会休闲在实现人的自由全面发展中起着不可替代的作用，把休闲教育作为高校改革发展的重要环节，纳入建设高质量教育体系中，对全面提高大学生素质、促进大学生自由全面发展有着重要意义。

本书在对国内外关于休闲及休闲教育理论和学术研究成果进行系统整理和比较分析的基础上，从自由时间、自我选择和身心调节三个维度，界定了休闲、休闲教育及高校休闲教育概念，研究阐释了马克思主义休闲思想与人的全面发展理论的内在有机联系，研究阐释了优秀传统休闲文化的人伦教化、文化传承的合理内核和当代价值，架构出了基于学生发展的高校休闲教育的理论逻辑和分析框架。在实证研究部分，运用问卷调查法和访谈调查法，根据高校类型和所处地域，抽取了3966名本科学生作为样本发放问卷，从大学生休闲动机、休闲消费、休闲方式及对学校休闲教育满意度等层面，系统地分析了目前大学生休闲和高校休闲教育状况。基于学生发展视角，重点就大学生休闲满意度及对高校休闲教育满意度的影响机制进行了研究，为推进高校休闲教育深入开展提供了必要的实证支持。

研究发现，目前大学生的休闲具有明显的功利主义倾向，休闲审美情感不稳定，休闲行为扭曲问题相对突出。对休闲教育的重要性认识不足、教育主体责任缺位、学科建设与专业设置滞后、教育内容和教育手段匮乏、自我教育环节缺失，成为高校休闲教育发展的困境所在。基于大学生全面发展的视角，为充分发挥休闲教育在全面提高大学生素质中的重要作用，要强化高等教育主管部门和各类高校的休闲教育主体责任，切实把休闲教育纳入整个高等教育体系之中，明确高校休闲教育目标任务，建构高校全过程休闲教育目标责任体系；要以引导大学生树立正确的休闲观念、全面提升大学生的休闲素养为核心，积极探索适应大学生活特点的休闲教育路径，科学设置休闲教育学科和教学课程，构建独立与渗透相结合的休闲教育课程教学模式和校内与校外相结合的场景体验实践教学模式，促进休闲教育更好地向思想政治教育及相关学科融入渗透；要加强休闲教育师资队伍建设，建设一支专兼结合的高素质的休闲教育教师队伍；要充分发挥优秀传统休闲文化的“底色”作用，构建科学的高校休闲文化价值导向目标体系，优化校园休闲基础设施和休闲文化环境，充分发挥大学生社团组织的自我教育功能，营造积极向上的和谐休闲文化氛围；要协同政府和社区等多方资源，合力促进高校休闲教育深入发展。

目　　录

绪　论

任何教育都是建立在社会经济基础之上并为这一社会的发展服务的。本书是基于中国特色社会主义进入新时代，人们日益增长的对美好生活追求呼唤着教育的高质量发展的背景下，根据国家发布的《中国教育现代化 2035》关于全面加强素质教育、促进人的全面发展的目标要求，针对目前大学生的休闲生活实际和高校休闲教育状况，为进一步推进高校休闲教育广泛深入开展而设计的。追求高质量的社会休闲生活是新时代人民追求美好生活的内在要求，因而休闲教育也必然成为教育高质量发展必然要件，契合着教育改革发展的走向。青年大学生是社会生活中最敏感最活跃的群体，他们的休闲生活的发展变化态势对整个社会休闲起着风向标的作用。加强高校休闲教育研究，对于加快推进大学生休闲教育、全面提高大学生素质、促进大学生全面发展有着重要意义。本书以期通过对目前大学生休闲生活和高校休闲教育的发展现状进行深入分析，从理论与实践上相结合提出进一步加强高校休闲教育的基本思路和对策建议，为有关教育决策部门提供有益的参考。

一　研究背景与选题依据

目前中国经济社会进入了一个新的历史发展时期，全面建成小康社会的任务基本完成，中国正向着全面建设社会主义现代化强国、逐步实现共同富裕迈进。中国特色社会主义进入新时代，中国社会的主要矛盾已经转化为人民日益增长的美好生活需要和不平衡不充分的发展之间的矛盾。我们党这一关于社会主要矛盾变化的重大论断，指明了解决当代中国发展问题的根本着力点，体现了我们党对中国社会现实的深刻把握、对人民需求变化的敏锐回应，为我们分析和解决社会问题提供了现实依据和根本遵循。人民日益增长的美好生活需要不仅体现在物质生活领域，同时体现在精神生活领域，而社会休闲恰恰是贯穿于人们物质和精神两大领域之中的基本生活状态，具有物质生活与精神生活两重属性。随着人们生活水平的提高，社会休闲形态正发生着极大的变化，人们休闲需求得到了空前释放，追求人与人、人与社会、人与自然、身与心的和谐，提高生活品质、促进身心健康、寻求自我完善和全面发展，日益成为新时代人民群众休闲生活的美好愿望和价值取向，成为体现人们对美好生活追求的重要标志。我们只有将社会休闲和休闲教育放入实现人民日益增长的美好生活需要的大背景中，才能更好地把握休闲教育的价值和意义，真正把休闲教育发展提上议事日程，使之与新时代教育发展和改革的目标任务相衔接，成为中国高等教育体系中的组成部分，成为各类学校需要认真思考和研究的重要实践课题。这既是高校休闲教育研究的时代背景，又是高校休闲教育研究的重要选题依据。

（一）休闲教育反映着人们对美好生活追求的发展趋势

休闲是人类社会和个体生命延续和发展不可缺少的生活方式，高质量的休闲生活是人们追求美好生活的重要组成部分。休闲活动以人们基本物质生活为基础，既是人们生存的生理客观需要，又是一种超越物质欲望之上的精神追求。“劳逸结合”的身心状态恰恰是人们通过休闲释放来自工作与生活的压力、获得物质和精神满足的生活状态，因此，人民的美好生活需要不仅要体现于满足物质需求，还要体现于提升国民休闲质量。以高质量的休闲活动促进人们精神富足和身心健康，促进人的自由全面发展，是人们追求美好生活的应有之义。

随着社会的发展和物质资源的不断丰富，人民群众对休闲供给、休闲服务、休闲环境等提出了更新更高的要求。休闲不仅是人们在解决温饱问题之后利用休闲时间的娱乐与放松，更是一种日趋个性化、多样性的生活状态，休闲生活质量的高低已经成为衡量国民幸福指数的重要尺度，创造高质量的休闲生活越来越成为当今社会衡量文明发展程度的重要标志。但同时也要看到，随着社会休闲领域的不断扩大，人们的休闲观念、休闲态度、休闲行为、休闲方式也在发生着深刻的变化，各类参差不齐的休闲内容和形式增加了人们的休闲选择的难度。特别是现代科学技术发展极大促进了生产力的提升，节约出的生产时间转变为了自由时间，使人们的生活习惯与生活方式不断更迭。现代网络、数字与人工智能技术迅猛发展，解放了人类的劳动，使人们在获得了更多的自由时间的同时，也极大地拓展了休闲空间，以至演绎出有别于现实世界的虚拟时间、虚拟空间、虚拟事物、虚拟环境和虚拟生活，并由此构成一个集智能化、拟人化、个性化于一身的具有强大互动性功能的虚拟休闲世界，使虚拟与现实相互交织成为当今休闲生活的一个鲜明特点。虚拟生活的人生体验虽不同于现实生活中的人生体验，但又诱导着人们对现实生活的人生态度。面对现实时空与虚拟时空并存、虚拟生活日益成为人们休闲方式的普遍选择的客观态势，人们在虚拟空间中以虚拟的身份选择角色进行休闲活动，形成与现实生活不尽相同的虚拟自由。这种虚拟空间带来的高度自由感，很容易造成虚拟与现实之间的反差，进而有可能模糊和颠覆人们在现实社会中形成的认知。如何从提升新时代人民追求美好生活水平、促进人的自由全面发展的高度，把现实生活与虚拟生活统一起来，重塑社会休闲的人生意义，成为现代休闲文化建设面临的崭新课题，同时也是现代休闲教育需要承担的重要责任。

特别应该指出的是，人们对美好生活的追求是与社会责任相统一的，同样人们的休闲生活与社会责任也是相统一的。丰富的物质基础是休闲必不可少的条件，但休闲一旦被错误地赋予了对物质的过度追求与依赖，人们就难以摆脱休闲被物化的束缚，从而难以享受真正意义上的休闲。现代高科技发展极大扩展了人们休闲空间的自由选择性，问题在于我们虽然拥有了更多的自由时间和创新自由空间的机遇，但并不意味着就能够真正利用好这一机遇。人们的休闲生活是社会生活的一部分，休闲生活中的自由与责任就是现实生活中的自由与责任。一些人自我中心意识膨胀，离开社会责任谈论休闲自由，难免会造成休闲行为与社会责任之间的扭曲和错乱，从而偏离了人们对美好生活追求的方向。休闲教育是旨在培养人们社会休闲观念、休闲态度和休闲责任，提升人们休闲生活质量和水平的教育活动。通过开展更加系统的休闲教育，帮助人们树立科学的休闲理念、规避休闲活动误区，引导人们养成科学健康、积极向上的休闲方式，成为提升新时代人民追求美好生活水平的内在要求，成为教育适应新时代人们追求美好生活要求的必然选择。

由此可见，中国社会主要矛盾的变化是关系全局的历史性变化，反映到社会休闲生活领域既表现为人们日益增长的休闲生活需要与休闲供给之间不丰富不充分之间的矛盾，也表现为人们对日益增长的休闲生活需要与休闲教育发展不平衡不充分之间的矛盾。根据中国社会主要矛盾的转化，适应人民群众日益广泛多样化的休闲生活需求，解决好当前社会休闲领域中存在的问题，加强休闲教育和休闲引导，这既是一个重要的民生问题，也是一个需要认真对待的教育问题。

（二）休闲教育体现着教育高质量发展的内在要求

百年大计，教育为本。随着中国主要矛盾的变化，中国经济社会已由高速增长阶段转向高质量发展阶段，这对现代化教育体系支撑社会主义现代化强国的建设提出了更高的要求。国家发布的《中国教育现代化2035》明确提出建立高质量教育体系的目标任务。高质量教育体系是指能够满足人民群众日益增长需要的更高质量、更加公平、更有效率、体系更加完备、内涵更加丰富多样、更可持续发展、更为安全可靠的教育体系。① 2021 年 4 月，习近平总书记在考察清华大学时提出“中国社会主义教育就是要培养德智体美劳全面发展的社会主义建设者和接班人”。建立高质量教育体系的核心就是立德树人。满足人民群众不断增长的对高质量教育的需求，最终要落在立德树人的成效上。

任何一种社会普遍存在的生活方式和教育形态都是与这一社会占主导地位的意识形态和主流文化相向而行的，并作为体现其思想观念的重要载体而存在。无论在中国古代还是现代的主流文化中，休闲的价值指向与教育的价值指向具有高度的一致性。休闲活动与教育活动一样，体现着社会主义核心价值观，在塑造人们的物质文化生活和精神世界中发挥着作用。

一方面，休闲同教育一样都有着帮助人们实现人生价值、完善社会人格的意义。休闲是作为人生体验与人格表达的重要方式而存在的。人是以社会性而存在的，能否实现休闲的自主性与社会性相统一，始终是

① 周洪宇、李宇阳：《论建设高质量教育体系》，《现代教育管理》2022 年第 1 期。

休闲生活必须解决的问题。休闲生活作为人生不可或缺的一部分，蕴含着社会道德的力量，体现着人生价值，把休闲的自主性与社会性统一于人生体验之中，这是中华文化的一个鲜明特点。孔子强调“志于道，据于德，依于仁，游于艺”“从心所欲不逾矩”，把人们的休闲生活纳入社会规范之中。这种休闲品行和休闲人格，强调人们休闲行为的正当性就是合乎社会道德规范性，从而把休闲作为人生自由选择的生活状态赋予其道德内涵和人格的意义。把休闲作为人生体验与人格表达的有机整体，追求人生体验上的自主性和人格完善上的自觉性，这种中华民族对休闲持有的独特认知，强调社会道德和社会秩序对人们休闲生活的规范和引领，体现着休闲导向与社会责任的高度统一性，至今仍然是构成现代社会休闲价值追求的逻辑基础。

另一方面，休闲同教育一样都承担着道德教化与人文修养的功能。人们的休闲活动承载着社会道德伦理秩序属性，休闲活动的正当性理所当然地要取决于休闲活动的合道德性，人伦教化和人文养成也自然而然地成为社会休闲生活内在的必然要求。“修身养性”作为人们休闲生活的直接指向，不仅是个体的身心调节，还有着更加广泛的陶冶情操、澡雪精神的意义。休闲活动既是调节身心的自我养生的过程，又是一个“澡身而浴德”的自我完善的过程，在身心愉快的同时提升精神境界，同样是休闲生活的合目的性、合规律性的价值追求。人们休闲生活与其他社会生活有所不同，有着社会公共视野之外的个人行为选择的特点，而行为自律就成为一种自重自爱的休闲生活态度，从而实现着养德与养生的统一。人们通过寻求适合自己心性的休闲活动，在获得身心调节的同时使人们的精神境界得到升华。因此可以说，休闲生活实质上是一种合目的社会道德的追求自我修养和自我完善的生活。

由上可见，休闲与教育在终极目的上具有高度的内在一致性，休闲与教育在人类文明发展和文化传承历程中都具有不可替代的作用。因此，使两者结合不仅成为可能，也该成为一种必然。从社会休闲对教育的意义来看，休闲让人们依照自我意愿实现个性发展，进而产生满足感和幸福感，而人们将这种愉悦体验投入学习生活中，使教育和学习的过程更加轻松，也更加专注。从这一意义上，古希腊哲学家、教育家亚里士多德早就提出休闲才是教育的中心。他在《形而上学》中提道数学之所以在埃及先兴，正是因为那里的僧侣阶级有闲暇时间，推及探索知识的人也只是为了求知，无关生存及其他实际目的。[①] 从教育对社会休闲的作用来看，教育能够传递科学的休闲伦理和观念，帮助人们认识到休闲的内在价值，培养人们健康科学的休闲兴趣。失去教育指引，人们容易出现异化的休闲价值观的扭曲。

总之，休闲具有的道德教化与人文修养的功能使之能够纳入教育的视野，教育“立德树人”的根本使命呼唤休闲教育。教育与休闲互不可分、互为动力，离开教育的休闲将偏离发展的轨道，离开休闲的教育将使个体失去生命的创造活力。从目前大学生休闲和休闲教育实际来看，从中学进入大学的转变是其个人学习生活方式发生巨大转变的过程，大学生脱离了父母的贴身管控，大学生活也没有了基础教育严苛的学习活动安排。这种相对宽松自由的学习生活环境，既是对人们学习生活能力的考验，也是对人们休闲能力的检验。大学生正处于人生观、价值观、世界观形成的关键时期，如果对大学生的休闲活动听之任之，他们将会很容易迷失自我，误入歧途。郑红丽等学者曾针对年轻人的无聊感进行研究，发现自由时间的无聊感作为一种几乎人人都会有的情绪体验，特别是对于现代青年群体而言，他们对无聊感的容忍度最低。[②] 如果不加以教育，进行适当的有效引导，那么他们陷入休闲误区的概率就会增加，出现休闲失范和休闲异化行为。但事实上，目前中国的休闲教育仍然处于起步阶段，无论是休闲教育内容，还是休闲教育方式，都缺乏一整套制度性设计。因此，无论从理论层面还是从实践层面，都应该把高校休闲教育作为建立高质量教育体系的重要环节，作为教育高质量发展的内在需求和必然要件，通过开展休闲教育更好地发挥休闲在丰富大学生的物质文化生活、塑造精神世界中的作用。

（三）休闲教育契合着高校人才培养的目标导向

高等院校改革发展的主要任务是为全面建成社会主义现代化强国培养人才，而促进人的自由全面发展又是人才培养的重要支撑。马克思认

---

① ［古希腊］亚里士多德：《形而上学》，吴寿彭译，商务印书馆1959年版，第4—6页。

② 郑红丽等：《中国青年无聊感与吸毒行为关系研究》，《中国青年研究》2020年第6期。

为“每个人的自由发展是一切人的自由发展的条件”，也是“未来社会”的本质特征。代替存在着阶级和阶级对立的资产阶级旧社会的“未来社会”，是建立在高度发达的生产力和生存资料社会占有基础之上的社会共同体，“只有在共同体中，个人才能获得全面发展其才能的手段，也就是说，只有在共同体中才可能有个人自由。”[①] 在这里，马克思强调的人的自由全面发展不是抽象的，而是具体的，其重要标志在于把人们拥有自由支配的自由时间作为衡量人的自由全面发展的重要价值尺度，落实到每一个人之上。

在马克思看来，自由时间是人“自由运用体力和智力的时间”。[②]“时间实际上是人的积极存在，它不仅是人的生命的尺度，而且是人的发展的空间”。[③] 在未来社会，财富的尺度不再是劳动时间，而是可以自由支配的时间。生产力是一切社会活动存在和发展的基础，生产力发展水平制约着个人实现自由全面发展的水平。“未来社会”生产力的发展，节约劳动时间等于增加自由时间，即增加使个人得到充分发展的时间，而个人的充分发展又作为最大的生产力反作用于劳动生产力。[④] 拥有自由时间意味着个体具备了维持和继续生命的必要物质条件，人们不再为了生产物质资料而占用自由时间，可以自由地利用自由时间从事自我选择的活动，因此，马克思在阐述人的自由全面发展时特别强调，“整个人类的发展，就其超出对人的自然存在直接需要的发展来说，无非是对这种自由时间的运用”。“这种时间不被直接生产劳动所吸收，而是用于娱乐和休息，从而为自由活动和发展开辟广阔天地”[⑤]。由此可见，自由时间是促进人的自由全面发展必不可少的先决条件，自由时间的休闲生活也因此而成为促进人的自由全面发展必不可少的重要途径。为人们提供充裕的自由时间，并赋予人们真正的个性自由发展，既是促进人的自由全面发展的必然要求，也是构建现代休闲文化的重要逻辑支点。作为体现人们对美好生活追求个性化展示和表达的休闲生活，

---

① 《马克思恩格斯选集》（第 1 集），人民出版社 2012 年版，第 199 页。
② 《马克思恩格斯全集》（第 23 卷），人民出版社 1972 年版，第 294 页。
③ 《马克思恩格斯全集》（第 47 卷），人民出版社 1979 年版，第 532 页。
④ 《马克思恩格斯全集》（第 46 卷下），人民出版社 2003 年版，第 225 页。
⑤ 《马克思恩格斯全集》（第 26 卷第三册），人民出版社 1974 年版，第 281 页。

对于塑造自我认识、实现自由全面发展有着不可替代的积极意义。

随着社会文明程度的进步，社会对人们的个性需求和自由发展具有更大的包容性，过去不被社会接受的个性化活动，如今看来已经成为社会生活的常态，这也正是个性世界多样性呈现的结果。人们在工作中不得不遵守刻板化的章程和制度规定，以及固化的行为习惯，而人们在休闲生活中则能够尽然地施展个性，使精神获得自由放松的表达。马克思认为，个体获得了个性的自由全面发展，最终将实现社会的全面发展。人们通过休闲塑造自我的个性，从而促进和实现个体的自由全面发展。大学阶段是一个人的世界观形成的重要阶段，同样也是一个人的塑造休闲观的重要阶段。大学生是对社会新事物最敏感的群体，他们的休闲观念、休闲态度、休闲行为，在引导社会休闲消费中起着重要风向标的作用。与义务教育相比较，高校的休闲教育范围要更加广泛而深刻，不仅要帮助大学生树立科学的休闲观、培养健康向上的休闲方式，而且更要把休闲教育与促进大学生的自由全面发展有机统一起来，纳入高等教育人才培养体系，为全面建成社会主义现代化强国培养更多更好的自由全面发展的人才。

二　研究目的与意义

（一）研究目的

基于上述认识，本书通过梳理休闲、休闲教育的概念及理论基础，以高校大学生为调研对象，将高校休闲教育问题放在中国特色社会主义进入新时代、中国社会主要矛盾发生转化的大背景下，全面分析大学生群体休闲生活的价值取向和发展轨迹，探索和构建适应教育高质量发展阶段的休闲教育路径，以期能够对高校休闲教育提出兼具学术价值和实践价值的建设性建议。

（二）理论意义

本书在充分梳理休闲教育理论、调研大学生休闲及休闲教育现状的基础上，对高校休闲教育体系研究具有以下理论意义。

第一，重新梳理高校休闲教育体系认识。以促进大学生全面发展为导向，从素质教育、创新教育、个性发展教育、人生教育等维度厘清中国高校休闲教育体系的认知。从大学生全面发展的视角，把高校休闲教育认定为是一种素质教育；从其培养人才途径的视角，认定其为一种创新教育；从大学生需求指向的视角，认定其为一种个性发展教育；从生命价值实现的视角，认定其为一种人生教育。

第二，探究高校休闲教育是理论基础与文化渊源，梳理马克思主义关于社会休闲思想、探索人的自由全面发展与社会休闲的内在逻辑关系，揭示优秀传统休闲文化的合理内核和现代价值，为推进高校休闲教育提供理论支持。

第三，根据马克思关于人的自由全面发展思想和现代教育理论，从理论上探索高校休闲教育的价值旨向和应然状态，提出高校休闲教育体系构建的基本原则和目标任务，有利于为高校休闲教育的模式创新提供方向性指引。

（三）现实意义

本书中，高校休闲教育体系建构原则及内容的部分，独立于以往对高校休闲教育研究的脱离教育载体的模式，具有以下现实意义。

第一，在深入分析目前大学生休闲生活和中国高校休闲教育状态的基础上，提出全过程参与、全方位投入、全面化管理和开放式服务的高校休闲教育发展思路，为高校休闲教育深入开展提供基本实践路径；第二，以社会主义核心价值观为指导，研究加强大学生社会主义休闲观教育的政策措施，助力新时代高校立德树人根本使命的践行；第三，根据中国高等教育发展趋势和高校休闲教育实践情况，打造符合中国特色社会主义的高校休闲教育课程模式和实践教育模式，为高校休闲教育的科学化推进提供技术路径。

三　国内外相关研究分析

（一）关于休闲的研究

1. 国外研究

西方的休闲可以追溯到古希腊时期，彼时的休闲是属于不用劳动阶级的特权，奴隶和穷人阶级只拥有劳动与满足生理需要的时间，只有富人和自由人等有闲阶级才具备自由选择休闲的时间与权力，他们的人生观是炫耀不用劳作，拥有充足时间与财力投入休闲。以工业革命为界，工业革命之前的休闲以大众的娱乐与玩耍为主，酒馆、交易会、宗教活动等都是比较普遍的休闲活动；工业革命之后的休闲特点发生了显著变化，随着生产力的提高，虽然工人们缩短了劳动时间，但资本家所支配的自由时间都是以劳动群众的剩余劳动为前提的，工人在物质生产中使用的时间必须多于生产他们本身的物质生活所需要的时间，资本家依旧剥削着工人大量的剩余价值，工人应该享有的休闲权都被无情剥夺，工人为了得到更多的休闲时间，不得不与资本家们进行休闲权斗争。与此同时，为了刺激休闲消费，资本家不得不做出休闲合法化的让步。1899年，美国经济学家凡勃伦出版著作《有闲阶级论》，被视为正式开始近代休闲研究的代表，他批判那些通过物质消费或是休闲行为给他人制造心理压力，自喻为非等闲之辈的富有者们，这个群体被定义为牺牲他人的利益，并且毫无顾忌张扬个性的有闲阶级。这本著作的出版，也正式揭开了西方关于休闲研究的序幕。

自20世纪初以来，西方诸多学者从哲学、经济学、社会学、心理学、文化学、体育学、教育学等学科视角对休闲相关研究进行了理论解读与创新，形成了多学科、多领域的交叉研究格局。休闲哲学、休闲经济学、休闲社会学、休闲心理学、休闲体育学、休闲教育学等新的学科理论不断出现，并形成了诸多有价值的学术成果。学者们主要从以下视角考察并研究休闲。

第一，从经济学视角研究休闲。西方经济学家们对休闲经济理论的研究关注度很高，分别从休闲产业经济的宏观层面和微观层面进行研究，获得了丰富的理论研究方法与成果，并尝试厘清休闲与消费的相互制约关系。具有代表性的经济学家明瑟和贝克尔在1967年的研究成果中明确提出反对工作和休闲的零和博弈状态，指出两者的关系不是完全独立的，应该突破工作—休闲二分法，所有休闲都含有某种消费，工作与休闲的选择是在不同的消费活动之间抉择。[①] 美国人口普查局1999

---

① 唐湘辉：《休闲经济学：经济学视野中的休闲研究》，中国经济出版社2009年版，第37—39页。

年做过调查，90%以上的休闲消费都是由商业机构提供，剩下的是非营利机构及其他。[①] 由此可见，休闲与消费是互相制约的，休闲活动的选择会受限于个体的消费能力，消费水平也是决定休闲活动方式选择的因素之一。根据报道，在1976年，加拿大的旅游收入约为92亿美元，占当年的国民生产总值的5%。1977年，美国人在休闲和娱乐上的花费已经超过1600亿美元。[②] 休闲经济的迅猛发展刺激了休闲经济学理论的研究，1976年麦克坎尼尔的著作《旅游者：休闲阶层的新理论》以及著作《休闲的效益》相继问世。西方多数国家出台了缩减国家法定工作时间的政策，进而也推动了休闲经济的快速发展。

第二，从文化学视角研究休闲。著名的西方休闲学家，瑞典天主教哲学家皮普尔以深刻而精辟的语言阐释了休闲作为文化基础的价值意义，并对工业社会所赋予的工作伦理提出质疑[③]，他将充分的休闲权认定为文明社会的首要目标。纽林格和戈比则认为休闲是必要承担的工作之外自由选择的活动，能够为人们带来愉快体验。[④] 自由与愉快，这两个休闲的关键词和其他学者的认识是大体一致的。荷兰学者约翰·赫伊津哈将游戏与人的文化进化进行了相关性命题研究，认为游戏早于文化出现，游戏作为文化的本质和意义，就在于只有在游戏中人们才能体现最自由、最本真的创造力。[⑤] 由此可见，游戏也是人们工作之余最早出现的一种休闲活动。认为休闲产生创造力的还有法国学者乔夫·杜马兹迪埃，他认为休闲是一种自由行使创造力的，为了放松、转移或扩大他的经验而自发的社会参与，从工作、家庭和社会的义务出发到随自我意愿转移的活动。[⑥] 美国社会学家托马斯·古德尔和杰弗瑞·戈比的《人

① ［美］克里斯多弗·R. 埃廷顿等：《休闲与生活满意度》，杜永明译，中国经济出版社2009年版，第302页。

② John Neulinger, *To Leisure : An Introduction*, Boston: Copyright O 1981 by Allyn and Bacon, Inc. , 1981, p. 11.

③ ［德］约瑟夫·皮珀：《闲暇：文化的基础》，刘森尧译，新星出版社2005年版，第6页。

④ Geoffrey Godbey, "Time, work, and Leisure: Trends that Will Shape the Hospitality Industry", *Journal of Hospitality & Tourism Research*, No. 17, 1993, pp. 49 – 58.

⑤ ［荷］约翰·赫伊津哈：《游戏的人》，何道宽译，花城出版社2007年版，第68—70页。

⑥ J. Dumazedier, *Toward A Society of Leisure*, New York: The Free Press, 1967, pp. 16 – 17.

类思想史中的休闲》也得出结论，休闲是衡量人类进步的标准问题。

第三，从心理学视角研究休闲。心理学家认为休闲是一种心理体验，是对休闲过程的情绪表达与体会，更多在意的是内心活动，依照休闲活动的情绪获得，进行休闲满意度比对，积极的休闲活动获得休闲满意度较高，消极的休闲活动获得休闲满意度相对较低。美国著名休闲心理学家伊索·阿霍拉的著作《休闲与娱乐的社会心理学》是第一部划定领域界限，并回顾当时可用的社会心理学理论和研究的教科书，其根据自由选择与内在动机这两个变量，对人们工作外的活动进行分层研究，认为具有高度自由选择与内在动机的活动，才是“休闲活动”。匈牙利心理学家米哈里·契克森米哈赖则认为可被定义为休闲的生活体验就在于实现自我、获得“畅”的心流体验，得到“畅”的体验，也正是因为对投入的休闲活动如此热爱，才能有忘我的投入体会。“畅”也是作为休闲的著名研究成果，被后来大部分学者在研究中提及。克莱伯、里尔、哈钦森三位强调，这种来自从事有意义和愉快的活动的流动体验，促进产生一定程度的简单的感激、舒适以及和平，缓解心理痛苦，有助于心理创伤后成长。而根据乔德雷和华莱士的研究，休闲类型主要分为三种：主动休闲、被动休闲和社交休闲。① 不论是“畅”的体验还是其他三种类型的休闲，都是试图积极寻求心灵的最佳体验，从选择休闲活动初始的自由度到体验结束后，都是获得令人舒适的休闲体验。

第四，从社会学视角研究休闲。社会学家们则将休闲行为活动看作是跨越了一定的休闲制约，达成自愿的、自由的行为，并且能够带给个体愉快的感受。休闲是一种生活状态，带有休闲个体特色鲜明的独特性。彼尔德和拉格木曾指出“动机就是满足需求方面的潜在结构”，他先后制定了“休闲满意度量表”与“休闲参与行为分量表”，为后期的大量休闲制约研究提供了实证研究的参考依据。克朗普顿和麦凯提出休闲动机是促使人们以满足内心需求的方式参与休闲。休闲制约阻止人们进行休闲，而休闲动机是促进休闲，两方面的研究相互渗透。比如南伊

① Joudrey A. D. ed.，“Leisure as A Coping Resource：A Test of the Job Demandcontrol-support Model”，*Human Relation*，Vol. 62，No. 2，2009，pp. 195 –217.

利诺伊州立大学的健康教育和娱乐研究生 Jong-Ho Kim 的哲学博士论文，基于三种休闲类型，探讨了影响休闲类型的个人属性以及调节休闲动机对积极休闲影响的个人属性之间的关系。

不论从哪个学科视角研究休闲，休闲活动的特点都存在着一致性：首先，休闲活动是休闲主体的自主选择行为，体现了休闲主体具有休闲权，并且具有选择自由性；其次，休闲活动的结果都是内化为休闲主体精神变化的行为，而这一变化通常是愉悦的精神体验。

2. 国内研究

休闲作为一种文化现象，在中国古代是以人生体验的一种方式而存在，并深刻嵌入中华传统思想文化体系之中。在《论语·先进》中，孔子逐一问弟子们的人生志向，曾点回答："暮春者，春服既成。冠者五六人，童子六七人，浴乎沂，风乎舞雩，咏而归。"孔子喟然叹曰："吾与点也"。[①] 孔子所提的"吾与点也"，虽然学界历来存在不同的看法，但无论从哪个方面理解，都表明曾点所描述的"沂水舞雩"之乐恰是孔子心目中的人生状态。"在某种程度上，孔子是把休闲当作一种终极的人生理想与社会理想来看待的"。[②] 孔子一生"志于道，据于德，依于仁，游于艺"。[③] 这里的"游"，按照朱熹《四书集注》所说就是："游者，玩物适情之谓"。"游于艺"的实质是"据于德，依于仁"的一种自由人生。[④] 这种"游于艺"与"风乎舞雩"的诗意生活，正是孔子追求的一种人生体验与社会生活的理想境界。儒家把休闲作为人生的一部分，肯定休闲在人的自我发展中的作用，同时又把人们的休闲生活纳入社会规范之中。因此，可以说中国古代人们关注的休闲生活是一种人生态度，提出的许多有价值的思想，对现代仍有借鉴意义。

中国对休闲进行学术研究始于近现代时期。特别是改革开放以后，随着社会进步，休闲时间增加，休闲日益成为人们重要的生活方式，以于光远、成思危、龚育之、马惠娣等为代表的一些学者，意识到休闲研

---

① （春秋）孔子：《论语》，杨伯峻、杨逢彬等注译，岳麓书社 2000 年版，第 143 页。

② 章辉：《孔子的休闲观念、休闲境界与休闲人格美》，《湖南社会科学》2020 年第 4 期。

③ （春秋）孔子：《论语》，杨伯峻、杨逢彬等注译，岳麓书社 2000 年版，第 87 页。

④ （宋）朱熹：《四书集注》，岳麓书社 1987 年版，第 134—135 页。

究的重要性，从而开启了现代意义的休闲学研究。于光远、成思危、龚育之主编的《休闲研究译丛》；马惠娣主编的《西方休闲研究译丛》；系统地介绍了国外休闲研究代表性成果。之后，刘晨晔的《休闲：解读马克思思想的一项尝试》；张永红的《马克思的休闲观及其当代价值》；马惠娣的《休闲：人类美丽的精神家园》《走向人文关怀的休闲经济》；王雅林和董鸿扬的《闲暇社会学》；李丽梅和刘松的《休闲社会学》；陈鲁直的《民闲论》；刘慧梅等的《文化、自我建构与中国人的休闲》；庞桂美的《闲暇教育论》；吴文新和张雅静的《休闲学导论》；庞学铨、潘立勇、王德胜等主编的《休闲评论》，以及许斗斗、张永红、郑胜华、刘嘉龙、于海峰、刘海春等一批学者，结合中国国情从不同视阈研究休闲问题。

从前期研究成果来看，中国学者以马克思主义文化观的视野研究休闲问题的成果居多，代表性观点主要有以下几点。

第一，关于马克思主义休闲思想的时代价值和现实意义。于桂芝把马克思关于人的自由全面发展作为休闲的哲学基础[①]。许斗斗认为马克思关于人的全面发展思想对指导社会休闲有着决定性作用[②]。刘晨晔认为马克思从人类社会发展历史考察自由时间，把休闲作为未来理想社会的重要价值目标。[③] 吴育林认为马克思关于自由时间的思想是把握休闲本质的基础。[④] 张莉认为马克思主义的休闲思想体现着人类对真、善、美的追求和人文关怀。[⑤] 吴文新认为马克思主义休闲价值观具有鲜明的现实指向和实践取向，是社会主义核心价值观的具体化。[⑥] 马克思主义休闲思想是中国开展休闲学术研究的理论基础。国内学者们将马克思休闲观从哲学视角进行研究，作为马克思休闲观重要部分的自由时间被作为休闲相关研究的主要内容，更多地将马克思主义休闲思想应用到其他

---

① 于桂芝：《劳动和休闲的哲学基础——马克思关于人的自由全面发展的再认识》，《社会科学战线》2004 年第 4 期。

② 许斗斗：《马克思休闲价值思想探析》，《学术研究》2006 年第 5 期。

③ 刘晨晔：《论休闲经济研究的理论经济学意义》，《旅游学刊》2006 年第 10 期。

④ 吴育林：《论马克思的劳动休闲观》，《自然辩证法研究》第 2006 年第 7 期。

⑤ 张莉：《马克思休闲思想的实践机制建设》，《学术交流》2014 年第 3 期。

⑥ 吴文新：《自由价值：休闲商品化及其价值形态演变的逻辑归宿》，《当代中国价值观研究》2016 年第 2 期。

学科，运用新的研究方法，突破学科界限，进行融合研究。

第二，关于休闲作为人的全面发展的必要条件和实现途径。黄爱认为劳动、闲暇与自由是人的全面发展的本质要求。陈鲁直认为按照马克思认为的“每个人的自由发展是一切人的自由发展的条件”的思想，社会生产发展的目的就是休闲，社会主义就是普遍的“民闲社会”。① 张永红认为休闲是以人的全面发展为核心，休闲的价值是引导人思考生命的意义，实现人的自由全面发展。② 陶培之认为休闲消费价值合理性的内在依据和休闲消费的伦理本性是人的全面发展。③ 国内学者注重从社会学、经济学视角研究休闲与人的全面发展的关系，研究休闲对个体的人和社会的重要性以及休闲是精神家园的文化价值，通过实证研究呼吁人们重视休闲。

第三，关于休闲在实现社会和谐中的必然选择和内在要求。李丽梅、刘松认为休闲的最终目的是和谐，人们在休闲中追求身心和谐、人与社会及自然的和谐。④ 张雅静认为应以人为本，构建具有中国特色的和谐休闲观，为休闲实践提供价值尺度和评判标准。⑤ 吴文新认为休闲是人性系统内在生命与身心的和谐，社会关系及心理精神的和谐，人与外部自然、社会的和谐，以及这种和谐不断提升的趋势、状态和境界。⑥ 罗春潮、莫碧珍认为休闲的人本价值、社会价值、生态价值反映和促进了人与自身和谐，休闲的社会价值反映和促进了人与社会和谐、人与自然和谐。⑦ 研究认为，休闲将人、社会、自然联系在一起，个体有意义的休闲带来三方和谐关系、丰盈人生的同时，实现生命的价值和意义。

第四，关于休闲对净化精神追求、培育健康人格的地位和作用。马

---

① 陈鲁直：《民闲论》，中国经济出版社 2005 年版，第 1 页。

② 张永红：《马克思的休闲观及其当代价值》，湖南人民出版社 2010 年版，第 45—50 页。

③ 陶培之：《人的全面发展：休闲消费的伦理之维》，《苏州大学学报（哲学社会科学版）》2008 年第 4 期。

④ 李丽梅等：《中国城市休闲化水平综合测度与区域差异研究》，《当代经济管理》2016 年第 4 期。

⑤ 张雅静：《和谐休闲观：走向科学休闲的理念支撑》，《贵州师范大学学报（社会科学版）》2010 年第 4 期。

⑥ 吴文新：《科学发展观视野中的休闲》，《自然辩证法研究》2004 年第 10 期。

⑦ 罗春潮等：《论休闲的和谐价值》，《理论月刊》2011 年第 3 期。

惠娣从文化精神的视野对休闲理论进行探索，认为休闲的意义就在于能够为人们带来精神满足与心灵净化，学会如何成为快乐、自由、富有创造力的人。刘海春认为休闲能够让人们体会到个体生命的意义，形成健康向上的健康人格。廖小平认为休闲是与人生的意义联系的一种文化，休闲的价值对个体就是获得快乐和“成为人”。休闲对人生的重要性体现在：休闲净化心灵、富足精神、使人们体会到生命的意义。

（二）关于休闲教育的研究

1. 国外研究

古希腊时期的教育被学者们认为是休闲教育的起始阶段，教育是不具有任何功利色彩的，即使是对体育与美学的教育，一旦加上竞技的元素，就会变成技能的培训，不能被称为普遍意义的教育。学者们对古希腊时期的教育又称是博雅教育，博雅教育所指的教育活动需是具有休闲性质的，以培育被教育者的心智和素养为目的的教育活动。[①]“博雅教育”即自由人的教育，或教育为自由人，彼时的教育被有闲阶级作为阶级红利享用，价值观被认为是“劳动就是不光荣”的有闲阶级才有资格接受正规的学校教育，劳动阶级是不具有被教育资格的。中世纪时期的西欧社会特点是封建等级制度和农业经济，统治者封闭的思想和落后的社会使得基督教教会的僧侣在当时的教育中占有绝对的垄断地位。教会参与教育的最初目的是权力与利益，教育课程继续沿用了博雅教育的内容，即自由人的教育。

在近代教育的发展历程中，直到1868年，时任美国第一任教育专员的亨利·巴纳德开始为休闲教育正名：休闲教育的重要性等同于在学校里接受的其他传统学科的教育。以至于过了一个世纪后，美国休闲教育家曼蒂，在回顾休闲教育历史时，认为巴纳德的观点还是占主导地位，倾向于学校及有学校同样设备的地方是开展休闲教育的最佳场所，休闲教育的基本目标是对休闲行为价值判断的能力发展。虽然美国休闲教育的研究起始时间早，也取得了一些研究成果，但是也没有逃过被当时的学术界歧视的命运，布莱特比尔在《休闲教育与当代价值》中提

---

① 陈建华：《论西方的博雅教育传统及其演变》，《南京社会科学》2016年第8期。

到：美国是一个看重生产的社会，认为休闲是虚度光阴，这与传统的工作伦理不匹配。不得不承认，此类偏见被归类到阻碍休闲研究领域，普遍存在于每个国家学术界，学者们在研究本国休闲教育时都会遇到此类休闲偏见问题。

曼蒂将休闲教育视为一个完整的发展过程，是一个人们逐步地理解自我、理解休闲、认识休闲以及有自己的生活方式及社会结构的关系，人们经历一个在自己的生活中确定休闲的位置和意义的过程。[①]布莱特比尔认为休闲教育是为了达到能够助力人们了解世界、认识美并保持身心健康的目的而进行的一个传授休闲技巧的循序渐进的过程。他还认为应该将休闲教育课程纳入正规课程体系之中，作为学校教育课程的一部分，休闲教育重要性等同于知识教育重要性。[②] 学者们已经意识到，休闲自由并不意味着无视对自己、对他人和对社会所负的责任，人们的休闲方式必须符合社会价值规范，发展休闲道德观已成为生存的必要条件。

理查德·克劳斯的《娱乐与学校》，麦登的《休闲教育指南》，查尔斯·K. 布赖特比尔的《为以休闲为中心的生活而教育》等，均提出在人们只关注工作的当下，应该进行休闲教育活动。西旺则认为，休闲教育是贯穿人生的教育，教育过程可以通过接受社会所允许的休闲活动，帮助人们激活全部的休闲潜能以及对生命质量的期待。

从目前国外休闲教育研究的内容和趋势来看，主要围绕休闲教育与人的社会化问题展开。关于休闲教育与人的社会化动机的争论可归类为两种：休闲是由内在因素确定还是由外在因素确定。“内在因素确定”认为休闲的选择对个人内在影响及社会影响是由个体的思考、评价以及休闲的选择决定的；“外在因素确定”强调休闲态度、休闲价值观、休闲行为等需要具有普适性，才能使个体在休闲过程中获得最大意义。两种理论争论的焦点在于休闲选择的自由性：“内在因素确定”是完全遵循自我本心的喜好选择，没有任何外部引导和影响，其与“外在因素

① ［英］J. 曼蒂等：《闲暇教育理论与实践》，叶京等译，春秋出版社 1989 年版，第 3 页。

② ［美］查尔斯·K. 布莱特比尔：《休闲教育与当代价值》，陈发兵、刘耳、蒋书婉译，中国经济出版社 2009 年版，第 63—68 页。

确定”中具有指导说教形式的休闲价值观、休闲技能不同。①

西方的休闲教育的受教对象范围具有一定广度，根据性别、工作、身体状况等情况，分成普通成年人、青少年、女性、老年人、残障人士等弱势群体等。在休闲教育的主体研究中，学者们通过休闲价值、休闲态度、休闲动机、休闲障碍和休闲目的等角度进行内因研究，休闲教育的过程研究比较注重休闲主体的自我认知以及休闲定位，提高休闲技能，并形成个人休闲评价，而休闲教育目的通常被认为是提高个人的生活质量。

2. 国内研究

中国近代关于休闲教育的最早学术研究成果，被认为是章辉、陆庆祥收集汇编的《民国休闲教育文萃》，其证明了中国学者在1915年《教育杂志》月刊中就提出了“闲暇教育”的概念，随后1922年出现了“休闲时间之教育”，1924年明确提出了“休闲教育”。1935年，《浙江民众教育》的一篇文章——“谈谈休闲教育”，作者邹民达在文章中提出了民众休闲的不适当会对国家造成危害的观点，以及休闲教育要通过改变休闲主体、设置休闲地点、组建休闲组织团体、设置休闲活动等方面来实现。整篇文章不仅表达了休闲教育的紧迫性，还提出了如何提高民众休闲的解决方案，是民国时期休闲教育研究的一篇力作。②

民国时期的学者提倡人们要接受休闲教育，原因正是当时的国民缺乏休闲意识、缺乏利用休闲时间的技能以及国民对休闲教育本身存在偏见。现代国民的休闲时间大幅度增加，休闲内涵已发生巨大变化，但是仍然存在人们缺乏对休闲的正确认识，不懂如何科学分配休闲时间，休闲技能无法匹配自己的休闲意愿等问题，亟须更符合时代特点的休闲教育来引导人们提升休闲生活水平。如今，中国已完成全面建成小康社会的目标，虽然物质生活水平有了极大的提升，但是人们对休闲的认识仍然存在诸多偏见：认为所有的休闲都必须付出大量的金钱；认为休闲就

---

① ［英］J. 曼蒂等：《闲暇教育的理论与实践》，叶京等译，春秋出版社1989年版，第6—7页。

② 章辉等：《民国休闲教育文萃》，云南大学出版社2018年版，第17—20页。

是找乐子，打发一下时间；认为休闲就是好逸恶劳；休闲就是浪费工作学习时间等。

通过知网数据库搜索，与“休闲教育”相关的文献有不同类型，主要涉及学术期刊、硕博士论文、会议论文等，以期刊论文发表为主体。其中，期刊论文 1023 篇；硕博士论文 214 篇；会议论文 29 篇，占比较小。利用 CiteSpace 软件，时间跨度设定为 1986—2020 年近 40 年的时间，时区切片设置为 1，Top N = 20，对文献中出现频次在 4 次以及上的节点标签进行可视化呈现，得到有 16 位作者在内的高发文作者群图谱。高产作者共现图谱表明，学者刘海春处于重大的节点位置，他的总发文量为 11 篇，学者张健、庞桂美、陈新蕊、唐芳贵等作者的发文频次也较高，位于该领域核心作者群体的前列。这表明以上诸学者在中国的“休闲教育”研究方面具有较大的发文贡献，详见表 1。

表 1　**休闲教育研究的高产作者群体（发文频次≥4）**

序号	作者	发文频次	序号	作者	发文频次
1	刘海春	11	9	贾妍春	4
2	张健	9	10	陈静	4
3	庞桂美	7	11	储德平	4
4	陈新蕊	5	12	王艳	4
5	唐芳贵	5	13	吴小贻	4
6	谭晓静	4	14	张敏	4
7	费璠	4	15	梁柏静	4
8	罗春潮	4	16	邓蕊	4

关键词是文献计量分析的重要指标，能够反映和折射某一段时间内的研究热点。根据关键词词频统计发现，频次相对较高的关键词，在剔除专门检索的主题词“休闲教育”“闲暇教育”之后，有“大学生”“闲暇生活”“高校”“思想政治教育”“休闲活动”等。此外，在研究着力点相关的关键词有“对策”“现状”“策略”等。这些高频词关键词从某种程度上折射出研究的某些热点和关注度，表明很长一段时间以

来中国休闲教育的研究对象多聚焦在高校大学生群体，且大学生的休闲时间安排为普遍关注点，研究也大都集中于对现实休闲教育的现状分析和解决对策上，详见表2。

表2 **关键词频次统计表**

关键词	频次	关键词	频次	关键词	频次
闲暇教育	693	全面发展	21	高职学生	14
休闲教育	346	思想政治教育	21	休闲活动	14
大学生	234	中小学	21	高职院校	13
闲暇生活	169	闲暇活动	20	小学生	12
闲暇	145	素质教育	19	策略	11
休闲	99	图书馆	15	终身教育	11
闲暇时间	55	中学生	15	模式	10
高校	35	必要性	15	成人教育	10
对策	30	中小学生	15	休闲体育	10
教育	25	青少年	15	和谐社会	10
现状	22	高校图书馆	14	高等教育	10

对于休闲教育研究，主要有以下研究领域：第一，对中国休闲教育应然实施策略的规范性研究。此类研究注重于从逻辑思辨的范式出发对休闲教育应然实施策略的理性探究，李爱军①、赵宏②、孔姣③的研究较有影响力。第二，对休闲教育的教育价值和本质规律的审视，以庞桂美④、陆彦明⑤、王小艳⑥等人的研究为代表。第三，2016 年以来，围

① 李爱军、陈曦：《现代休闲教育实施策略初探》，《兰州学刊》2008 年第 12 期。

② 赵宏：《学校休闲教育研究》，硕士学位论文，华东师范大学，2004 年。

③ 孔姣：《生态系统理论视角下的大学生闲暇教育路径研究》，硕士学位论文，河南师范大学，2013 年。

④ 庞桂美等：《学校教育目标系统中的闲暇教育目标探讨》，《天津市教科院学报》2003 年第 4 期。

⑤ 陆彦明、刘加霞：《论消费主义时代中休闲教育的价值》，《首都师范大学学报（社会科学版）》2003 年第 4 期。

⑥ 王小艳等：《中国闲暇教育错误转向及其归正》，《现代教育科学》2018 年第 10 期。

绕休闲教育的研究又有新的主题演变，出现诸如"职业女性""老年人"①"农村小学生""农村教育"② 等新的主题词，休闲教育的研究对象更加微观和具象，研究者开始关注特殊群体的休闲教育问题。还有一些研究表现为对休闲教育的价值和意义等研究的综述，如吴君③、马惠娣④、杨闰荣⑤等的研究均是从这个层面开展的。马惠娣认为休闲教育属于基础性教育，能够规范社会生活与个人行为，具有正面影响力的休闲活动是可以提升人的素质、教养，增加社会和谐因素。⑥ 国内休闲教育初期研究多属于理论研究，尚属于对西方休闲教育理论借鉴期，还未深入本土化的研究，休闲教育的对象是全体公民；后期研究开始深入理论、实证研究，休闲教育的对象也开始区别开来，逐步聚焦到数个特殊群体。

（三）关于高校休闲教育的研究

1. 国外研究

西方高校休闲教育的改革与发展是基于20世纪五六十年代经济的高速发展和大学生休闲的现实需要，休闲教育正式进入高等教育机构，纳入大学的常规教育体系。以美国高校休闲教育研究与实践为例，工业革命后期以来的教育更多的是为了培养符合市场需求、胜任工作的人，当时美国高校培养的休闲产业人才因为不能满足市场需求，一批大学进而对课程设置进行了调整，涉及休闲管理、户外休闲等专业课程，毕业生被输送到美国各级各类休闲产业相关的行业。⑦ 游憩、游

---

① 张冰洋：《吉林省职业院校休闲教育功能对老年人健康的有益影响》，《吉林广播电视大学学报》2019年第8期。

② 刘尚明：《农村社区老年群体闲暇教育内容的思考与探索》，《中国校外教育》2019年第35期。

③ 吴君：《休闲教育在大学领域的价值及运作模式研究文献综述》，《中国校外教育》2013年第18期。

④ 马惠娣、刘耳：《"家训"在古代人休闲教育中的功能——兼及"女训"与"女红"考》，《洛阳师范学院学报》2012年第12期。

⑤ 杨闰荣：《中国休闲及休闲教育研究综述》，《科技展望》2014年第16期。

⑥ 于光远、马惠娣：《于光远、马惠娣十年对话》，重庆大学出版社2008年版。

⑦ 邵玉辉：《美国大学休闲专业课程设置对中国的启示》，硕士毕业论文，山东师范大学，2007年。

戏、运动、娱乐是西方休闲研究比较集中的几个方面，诸多关于休闲研究的成果都涉及这些领域，囊括了几乎所有的休闲活动。部分美国的大学，还设有专门的休闲研究中心，开设了种类繁多的休闲学课程：休闲哲学、休闲管理学、休闲体育学、休闲心理学、休闲与宗教等多达几十种。

关于高等院校的休闲教育研究，凯特·埃文斯、辛迪·哈特曼和丹尼斯·安德森三位学者运用实证研究方法，通过学分制的休闲技能课程发展校园休闲机会，提高学生休闲的参与度。并进一步细化，通过增强社区意识、增强自我意识和积极学习来提高学生的参与感。宾夕法尼亚州立大学的约翰·达蒂洛教授为休闲教育计划制定了一个七步计划模范样本：第一，针对休闲，让学生认识到这个休闲活动的益处，并明确知道参与休闲的时间和地点。第二，学生根据以往休闲的经验以及对休闲的预期，做出自我休闲的偏好选择。第三，通过帮助学生实现休闲中的个人选择和自由，并鼓励学生在休闲中实现自主决定。第四，鼓励社会互动，通过语言和非语言交流提供技能发展的机会，从而增加了友谊和休闲伙伴的可能性。第五，向学生介绍休闲资源：比如设施、设备、联系人。第六，通过减少分心或同伴的影响和鼓励健康的休闲选择来促进与休闲相关的决定。第七，帮助学生获得娱乐活动技能，这可能有助于促进未来的休闲参与。①

美国高校的休闲教育研究在开展理论研究的同时，也进行了大量的实证研究，用实证研究方法来推动理论研究，在具体的研究实践过程中，采取了知识传授与休闲实践相结合的研究路径。美国的克莱姆森大学公园、娱乐与旅游管理系的凯瑟琳·A. 乔丹等四位研究者通过实证研究休闲教育在推动大学生成功方面的影响。他们在校内选择了 531 名参加过休闲教育以及 136 名没参加过休闲教育的学生，以这两组学生为实验对象，探讨包含休闲技能的休闲教育项目对大学生成功维度的影响，包括学校满意度、学生生活满意度、学校归属感和自尊。重复测量分析结果显示：在测量的维度上，参加了休闲技能班的学生在学校满意

① Kate E. Evans ed., "It's More Than A Class: Leisure Education's Influence on College Student Engagement", *Innovative Higher Education*, No. 38, 2013, pp. 45 – 58.

度、学生生活满意度、学校归属感和自尊方面经历了稳定和提高。因此，休闲教育规划应作为大学生的成功机制进一步研究。①

关于休闲教育政策的实施，美国高校的休闲课程是由美国国家休闲与公园协会和美国休闲协会的认证协会认证，其标准也是获得美国高等教育认证协会认可的。认证协会的工作主要负责建立课程设计标准，对各高校提起的认证申请进行认证。认证协会从 1976 年开始进行认证工作，每年定期举办两次会议，还会根据具体情况修订及更新认证的标准。标准具体内容涉及教师资格、教学目标、系所的教育资源及发展目标等。② 由此可知，美国高校在开展休闲教育的同时，也制定了一套关于休闲教育的评价体系。

美国的社区组织及社区学校也在社区公民休闲教育方面发挥着重要作用，社区学校会开设多种可供人们选择并与人们日常兴趣爱好紧密相关的休闲课程，比如陶艺、插画、护工、航天航空知识分享等；社区居民自发组织休闲活动，诸如音乐欣赏、公园聚餐、节日灯会等活动；社区图书馆根据读者不同年龄组织科普类、休闲技能培训类的休闲活动；有些高校图书馆也会在规定的时间段面向公众开放；民间公益组织会定期组织公益志愿活动，例如爱护环境、保护动物，组织义工到救助站免费提供帮助等。

2. 国内研究

对国内已有的高校休闲教育研究成果进行梳理时发现，一般以大学生实施休闲教育的紧迫性，呼吁大学生休闲教育的研究居多，鲜有关于高校休闲教育体系构建的研究，笔者分别以“高校休闲教育”和“大学生休闲教育”为关键词，在知网进行 1996 年至 2021 年期间的文章搜索，结果如下：第一，“高校休闲教育”为关键词的相关文章一共 322 篇。其中，学术期刊 253 篇，硕士毕业论文 24 篇，会议 7 篇；第二，“大学生休闲教育”为关键词的相关文章一共 510 篇。其中，学术期刊 313 篇，硕士毕业论文 133 篇，会议 10 篇。分别由高校与大学生经过

---

① Katherine A. ed. , “Enhancing the College Student Experience: Outcomes of A Leisure Education Program”, *Journal of Experiential Education*, Vol. 41, No. 1, 2018, pp. 90 – 106.

② 曹平等:《美国休闲课程认证标准对中国休闲体育专业课程建设的启示》,《沈阳体育学院学报》2011 年第 2 期。

主题筛查，休闲体育相关主题有 132 篇；大学生休闲教育相关主题有 87 篇。两个关键词虽有不同，但鉴于知网的关键词是全文搜索，因此两个关键词搜索到的研究成果有重叠统计的情况。

综上所述，从研究视角来看，国内研究主要从哲学、社会学、教育学等学科视角进行研究，涉及的研究问题集中在以下方面：塑造大学生休闲价值观、休闲相关学科建设、大学生休闲行为，以及高校休闲教育评价研究，具体如下。

第一，哲学视角。关于塑造大学生休闲价值观的研究，相当部分的学者认为大学生休闲教育的休闲价值观塑造是休闲教育的重点。其中，刘小容从大学生思想政治教育视角，提出通过休闲教育改善提高休闲的质量，通过培养休闲意识、开展休闲实践活动以及帮助大学生拓宽休闲视野。① 杨维认为休闲教育能够解决大学生社会主义核心价值观培育的抽象化、脱离实际等，以嵌入式作为社会主义核心价值观的教育方式，为大学生提供更好的思想导向和行动指南。② 韩美兰则认为高校应当将休闲价值观放入大学生的德育中，同时，休闲教育还是一种素质教育。③ 学者们都提到了将休闲教育引入大学生思政教育的途径，但是对于如何实现大学生休闲教育的路径未做详析。

关于大学生的全面发展的研究。李伟志认为休闲教育是对大学生思想道德素质、科学文化素质、身心和个性的全面协调发展及创新思维的培养。④ 刘海春等认为休闲教育的路径落实要通过战略高度、思想共识、教育体系三部分完成，对青少年的自由全面发展具有重要价值。⑤ 白华认为大学新生在学校生活学习的转变有效途径就是开展休闲教育，

① 刘小容：《休闲教育：高校思想政治教育的新视角》，《南京政治学院学报》2013 年第 3 期。

② 杨维：《休闲教育与大学生社会主义核心价值观培育之关系辩证》，《学校党建与思想教育》2017 年第 11 期。

③ 韩美兰：《高校德育应重视对学生休闲价值观的教育》，《教育理论与实践》2007 年第 6 期。

④ 李伟志：《休闲教育与大学生的全面发展》，《山西师大学报（社会科学版）》2011 年第 S1 期。

⑤ 刘海春、吴之声：《休闲教育：青少年“成为人”与全面发展的新维度》，《自然辩证法研究》2016 年第 9 期。

这一途径符合人的全面发展目标。①

第二，教育学视角。关于高校休闲教育体系建设的研究。刘宇文等从素质教育的视角研究了休闲教育，提出了改变教师观念、创造良好休闲氛围、师资培训以及提供休闲场所等休闲教育建议。② 严蓉等认为，大学生科学发展需要休闲教育，提高大学生休闲能力的重要途径是休闲教育，构建社会主义和谐社会也需要休闲教育。从一个比较新的视角，即“幸福”视角诠释加强大学生的休闲教育，认为高校要进行学科建设以及搭建学科与研究平台，培养大学生的休闲教育管理伦理以及休闲技能。③

关于高校休闲教育现状与实施途径的研究。孙敏明以宁波市高校为例，详细解析了高校休闲教育现状与对策解析，并提出对休闲教育的期许：随着社会的进一步发展和人类闲暇时间的宽裕，休闲教育的重要性必定会得到进一步的彰显。④ 高丽娜也从高校的休闲现状出发，提出大学生的休闲教育对策。⑤ 吕斐宜基于对大学生休闲现状研究，认为休闲教育不仅有益于大学生的成长，对社会也有示范和影响效力。⑥

关于高校休闲教育与相关学科结合的研究。罗林认为休闲教育是高等教育必不可少的部分，以体育休闲参与价值分析，并结合休闲教育观念的提出，分析了高校实施休闲体育教育的必要性，提出了实施途径。⑦ 尹建业根据高校休闲体育的发展现状，针对阻碍发展的评价及原

① 白华：《大学新生休闲教育的内涵、价值与路径》，《国家教育行政学院学报》2016年第5期。

② 刘宇文、张鑫鑫：《素质教育视野下的大学休闲教育》，《高等教育研究》2009年第1期。

③ 严蓉、刘靖君：《“幸福”观视角下大学生休闲教育论析》，《学校党建与思想教育》2017年第5期。

④ 孙敏明：《高校休闲教育现状与对策解析——以宁波市高校为例》，《黑龙江高教研究》2011年第5期。

⑤ 高丽娜：《新时期大学生休闲现状与教育对策》，《中国成人教育》2012年第19期。

⑥ 吕斐宜：《论大学生休闲教育的意义、内容与策略》，《中南民族大学学报（人文社会科学）》2015年第1期。

⑦ 罗林：《中国高校实施休闲体育教育的必要性及其途径分析》，《江西教育科研》2007年第11期。

因，提出相应发展对策。[①] 石硕则通过艺术设计赋予受教者科学的休闲技能、休闲教育培养设计者健康的休闲观念、休闲教育塑造设计者正确的道德规范、休闲教育提升设计产业的文化四方面综合阐释了休闲教育对艺术设计学科的价值与意义以及休闲教育引入艺术设计学科的可行性。[②]

第三，教育心理学视角。关于大学生健全人格培养的研究。郑蓉认为休闲对大学生的心理具有身心放松、调节情绪、个性和谐等积极作用。[③] 陈静认为正确的休闲教育为大学生和谐人格培养提供了全新选择，有利于大学生人格全面性与完整性的形成，有利于大学生人格平衡性与进取性的培养，有利于大学生人格独立性与创造性的构建。[④] 孔旭红直接指出大学生休闲教育的缺失是导致大学生心理危机的重要因素。

第四，其他研究视角。针对大学生休闲教育评价体系研究。于潇博士通过参考相关休闲教育理论与教育评价体系，构建了大学生休闲教育评价指标体系，通过对山东省大学生休闲及休闲教育进行评估，以此构建中国高校休闲教育评价体系。闻杨等认为休闲体育教育能够增进学生健康、提高文化素养、促进人的社会化与个性形成，他运用文献资料法、访谈法、德尔菲法，以四川高校为研究样本，建立了休闲体育教育价值评价体系。[⑤]

总体来说，近些年对高校休闲教育的研究成果越来越丰富，为进一步开展高校休闲教育研究提供了丰富的理论基础和学术资源，但通过梳理已有的研究成果，作者认为存在以下重点和难点，需要进一步深入研究。

第一，进一步厘清休闲教育概念。诸多学者对于高校休闲教育的概念都是以不同视角进行界定的，难以形成一个全面的适用概念。而中国学者

---

① 尹建业：《高校应进一步倡导和开展休闲体育活动》，《中国成人教育》2012 年第 14 期。

② 石硕：《探高校艺术设计学科中休闲教育理念的导入》，《美苑》2015 年第 1 期。

③ 郑蓉：《休闲与大学生心理健康》，《中国成人教育》2008 年第 24 期。

④ 陈静：《休闲教育：大学生和谐人格培养的新思考》，《北京青年政治学院学报》2011 年第 1 期。

⑤ 闻杨等：《通识教育背景下休闲体育教育价值评价体系的研究：以四川省高校为例》，《首都体育学院学报》2016 年第 4 期。

对休闲教育的概念大多是以休闲教育目的为论点，聚焦在休闲教育哲学视角，对于在大学生现实生活中推广休闲教育难以形成落到实处的效果。

第二，关于高校休闲教育如何切实进入高等教育，研究成果最终只是落到了政策建议层面，极少涉及学校内部现实构成；对于高校休闲教育的途径，也是导向型研究，并未落实到高校内部结构。

第三，高校休闲现状的研究缺少大样本的实证研究支持，多数成果中涉及的数据和结论，并未提出明显的论证以及实证研究的依据，比如量表的设计、样本的范围、内容的针对性。高校休闲教育最终是要落实到大学生群体的休闲、休闲教育现状的分析以及实施等研究都不能脱离实证研究。

第四，大学生的休闲生活是具有极高复杂性的生活状态，休闲教育的内容所涉及的领域比较广，要把社会休闲作为重要的文化现象纳入高校休闲教育的研究的视野之中，最终要落实到大学生休闲生活过程中进行理论和实践同步的研究。

四　研究内容、研究框架及创新点

（一）研究内容与研究框架

本书基于学生发展的视角，以“高校休闲教育”为研究对象，在分析和阐述选题缘由、研究现状和研究意义的基础上，就高校休闲教育的理论基础、文化渊源、目标追求与实践路径进行理论与实证相结合的研究，具体研究框架如下。

第一章，核心概念界定与休闲教育历史嬗变。通过梳理休闲与教育的关系，揭示休闲教育的内涵与外延；并就休闲教育的历史嬗变过程进行必要的梳理研究。

第二章，休闲教育的理论基础与文化渊源。系统论述马克思主义休闲思想，揭示休闲教育的理论基础；系统梳理中华优秀传统文化中的休闲思想，揭示优秀传统休闲文化的合理内核和当代价值；发挥优秀传统文化中构建高校休闲文化中的“底色”作用。

第三章，在分析目前高校休闲教育面临的困惑及其原因的基础上，研究和提出加强高校休闲教育的价值取向、应然样态和发展趋势。

第四章，大学生休闲与休闲教育实证研究。基于大学生发展视角，进行关于大学生休闲以及休闲教育的调查研究和访谈工作，利用数据分析方法探析大学生休闲对学生休闲状态以及满意度的影响，为高校大学生休闲教育的科学实施提供支持。

第五章，从高校休闲教育目标责任、学科建制、课程设置、实践模式、师资队伍和校园文化建设等方面，研究和提出加强高校休闲教育的原则和路径。

根据本书的各研究环节，制定了如下研究技术路线（具体见图 1）：

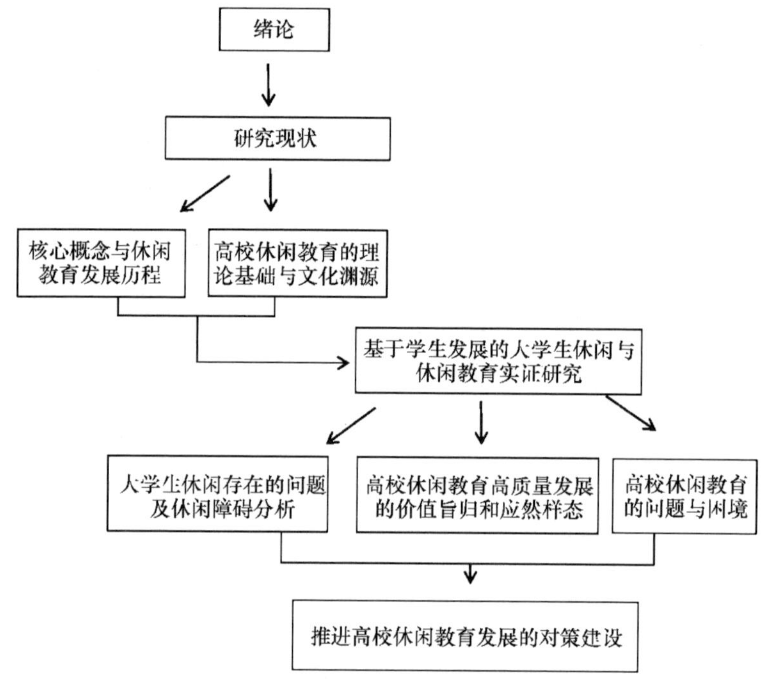

图 1　研究技术路线

（二）研究方法与创新点

1. 研究方法

第一，文献法。通过图书馆、档案馆、教育科研单位和计算机互联网等多种途径和方法，广泛搜集国内外休闲教育及高校休闲教育理论的相关专著、译著及论文，对搜集到资料进行系统的分析整理、归类研究，把握目前国内外高校休闲教育研究的前沿性问题，拓展研究思路，提高研究的创新性。

第二，比较研究法。结合中国国情，开展与国外休闲教育的比较研究，把握和处理好休闲教育发展的多样性与统一性，借鉴国外休闲教育的经验和做法，科学辩证地加以吸收和利用，建构符合中国特色社会主义的高校休闲教育体系。

第三，问卷调查法。针对山东省内不同类型的普通高校，按照地域分布情况分类开展问卷调查，从不同维度全面了解大学生休闲现状和休闲教育开展状况。运用 SPSS、ucinet 等软件及社科研究统计方法，将问卷与访谈结果进一步详细分解。

第四，访谈法。在问卷调查基础上，将大学生的问卷科学分类，选择有代表性的问卷进行深入访谈，力求能够客观全面地把握高校休闲现状和特点，有针对性提出解决问题的措施和办法。

2. 创新点

首先从自由时间、自我选择和身心调节三个维度，揭示了休闲与休闲教育之间的内在逻辑关系，以马克思关于自由时间的论述为主线，阐释了马克思主义休闲思想与人的自由全面发展理论的内在有机联系，明确提出自由时间和自我选择是社会休闲与人的自由全面发展的共同拥有的先决条件，同时也是教育介入社会休闲生活的逻辑支点，休闲、休闲教育与人的自由全面发展之间有着天然的联系，自由时间的自我选择构成了休闲、休闲教育与人的自由全面发展相统一的现实基础，并在此基础上建构起以促进大学生自由全面发展为目的，以充分尊重大学生的自我选择为前提，以科学引导大学生实现自我选择与社会责任相统一为主要内容的高校休闲教育逻辑框架，为全面推进高校休闲教育提供理论支撑。

其次以问题引领研究，利用实证和规范分析研究方法对大学生休闲生活和高校休闲教育现状进行了深入分析，针对目前大学生休闲和休闲教育中存在的突出问题，提出了强化休闲教育主体责任，实行全过程目标责任管理，建构独立与渗透相结合的休闲教育课程教学模式和场景体验实践教学模式，建构校园休闲文化价值导向目标体系和休闲教育支撑体系等具有较强现实针对性和可操作性的对策建议。

第一章
核心概念界定及休闲教育发展历程

概念是对客观事物内在本质属性的反映，是一切科学研究的基本思维单元。客观事物是不断发展变化的，人们对客观事物的认识也有着一个不断深化的过程。人们对事物观察的角度不同，对事物的认知存在差异。只有从大学生休闲和高校休闲教育的视野，对休闲和休闲教育等核心概念进行科学界定和规范，才能保证研究工作的顺利进行。

第一节　休闲

一　休闲的词源探究

1. 休闲词源

“休”的字形是人字旁一个木，在《现代汉语词典》中被解释为“吉庆、欢乐、停止”的意思；[①]“闲”的字形是“门中有木”，《现代汉语词典》中意为闲空，与正事无关的[②]。“休闲”的词义解释有两种：一是休息，过清闲生活：休闲场所。另一个解释是闲着，一季或一年不种作物：休闲地。[③] 古人在运用“休”与“闲”时，根据行文上下，时而表达本意，时而引申出多种意思。《诗·大雅·民劳》：“民亦劳止，汔可小休”，此休为休息、休养、休假。《诗·商颂·长发》中释“何天之休”为庇荫、吉庆、美善、福禄。《论语·子张》：“大德不逾

---

① 《现代汉语词典》第七版，商务印书馆 2012 年版，第 1473 页。

② 《现代汉语词典》第七版，第 1419 页。

③ 《现代汉语词典》第七版，第 1473 页。

闲，小德出入可也”，此处“闲”为引申之意“道德、法度”；《周易·家人》：“初九，闲有家，海亡”中的“闲”为防、防范之意。“休”还有停止行动、结束关系、止步之说，“休闲”一词，既表达了劳作与休憩的辩证关系，又隐喻了生命中美好的精神部分。

对于英文单词“leisure”，牛津英汉双解词典和柯林斯大辞典的解释如下：词源 old frech leisire，leisire 来源于拉丁语 licere，有“被允许”之意，得到许可从而行事自由，其大致被解释为以下多重意思：第一种解释为休闲是不需要工作，可以做自己喜欢并且享受的事情的时间；第二种解释为非常放松的时间或机会；第三种解释为自由不被占用的用于沉迷的放松、娱乐的时间；第四种解释为从工作与责任中解脱。① 从字面意义引申出，休闲是要被许可的行为，古罗马时，宗教信仰的合法性让劳动者获得了一定的非劳动时间，劳动之余“合法的、被允许的”行为不是休息、娱乐，而是对上帝的侍奉与信仰以求来世救赎。② 从西方的“leisure”中，体会到的意思表达是人获得自由和时间，进而精神上获得愉悦。中国学者在民国时期的研究中出现了诸多分别以“闲暇”“休闲”为主题的研究，早期研究以“闲暇”居多，而“休闲”更多地出现在现代研究中。而 20 世纪引入西方休闲研究成果时，对“leisure”出现了“闲暇”和“休闲”两种翻译。当以时间为量度时，“闲暇”与“休闲”皆为强调自由的时间；当突出表达自由时间中的生活状态、行为、意识时，多用“休闲”。本书意在研究大学生自由时间内的休闲教育，因此，文中未多涉及“闲暇”。

2. “休闲”释义

一般意义的休闲多是指日常生活中的娱乐、游戏、放松和玩等，让人们能脱离工作与劳动，得到放松的方式。中西方对于这个概念的理解有共通部分，西方在工业革命时期，也多认为玩是一个消遣的过程，是工作之余消除孤独、解决无聊的活动。中国从古至今，诸多词语对于玩都是持有贬义态度的，但是，逛博物馆、景点旅游、刷专业知识类小视

---

① Maurice Waite 主编：《牛津英汉双解词典》第 11 版，外语教学与研究出版社 2018 年版，第 747 页。

② 张永红：《马克思的休闲观及其当代价值研究》，博士学位论文，中南大学，2010 年。

频也都可以称为“玩”，这些活动能给个体带来精神放松、愉悦的感受。要想“玩”的有价值、有意义，那就要培养“玩”好的能力，从直观感受和体验“玩”带来的自由发展效果。中国著名休闲学者于光远等认为，要玩得有文化，要研究玩的学术，掌握玩的技术，发展玩的艺术。①

由于休闲研究涉及社会学、心理学、管理学、教育学等多个学科，目前学界无法用某一领域的休闲定义涵盖所有学科。亚里士多德认为休闲是一种自在自为带来快感的理性活动：“理性活动则需要休闲，它是思辨性质的，无论在于认真价值和以自身为目的方面，都较政治和军事活动更高一筹，它有自在自为的快感 ，这快感又深化了此种活动，有着人所能有的自足、闲适，让人乐此不疲，其他一切这个至福中人享有的属性，也同这一活动明显相关。故此，一个人如若能够终生都这样生活，这就是人生的完美幸福，因为幸福的属性无一不是完满的。”② 杰弗瑞·戈比从社会学的视野认为：“休闲是摆脱物质环境和文化环境的外在压力后的一种相对自由的生活方式，它使个体以自身喜闻乐见的、能够本能地感受到个体价值的活动方式体现出来，由内心之爱所驱动，并为信仰提供一个基础”。③ 海伍德和亨利认为休闲是人们在除去生活基本需求外的剩余时间和空间内，有意识地丰富自我，通过这段时间内的活动实现社交的目的，实现与社会的交融，增进与社会之间的相互理解，或是达到心理生理健康的目的。④

著名经济学家于光远先生从经济学视角界定休闲：不同的休闲产品及服务支撑不同的休闲方式，休闲是一种利用非劳动时间的行为，是可以自主进行安排的行为。⑤ 著名休闲学家马惠娣认为休闲是具有多层次

① 于光远，马惠娣：《于光远、马惠娣十年对话》，重庆大学出版社 2008 年版，第 97 页。

② 陆扬：《亚里士多德论休闲》，《黑龙江社会科学》2011 年第 3 期。

③ ［美］杰弗瑞·戈比：《你生命中的休闲》，康筝译，云南人民出版社 2000 年版，第 14 页。

④ ［英］克里斯·罗杰克：《休闲理论原理与实践》，张凌云译，中国旅游出版社 2010 年版，第 24 页。

⑤ 吴文新：《大众休闲与民闲社会——胶东半岛城市休闲发展状况研究》，黑龙江人民出版社 2009 年版，第 17 页。

性和多样性地在具体的环境中形成的社会活动，不存在一个适用于所有人的休闲概念。休闲又不能被认为是普通意义的休闲。①

中西方学者对于休闲的定义可以归为以下维度：休闲是发生在自由时间内的；在有条件的自由下支配的；休闲是一种生活方式，通过获得幸福生活而促进人的自由全面发展。

综合已有研究，并结合休闲教育的研究指向，本书认为：休闲是人们利用自由支配的时间主动进行自我选择的调节身心状态的活动。这一定义包括自由时间、自我选择和身心调节三个要件和维度：自由支配的时间即自由时间是一切休闲活动的基础和必要条件，揭示了休闲在时间上的相对连续性和自由支配性，从这一意义上来讲工作和学习中的短暂休息不能称之为休闲活动；自我选择是一切休闲活动的核心要件，揭示了人们进行休闲活动的高度自主性和主动性，强制性被动的休息活动不能称之为休闲；调节身心状态是休闲活动的价值取向，揭示了人们休闲活动的目的性和指向性，与调节身心状态无关的占用自由时间的活动也不能称之为休闲。

特别应该指出的是，这一对休闲概念的界定，使教育介入人们休闲活动成为一种可能。休闲是休闲时间的自由支配，而如何自由支配休闲时间恰恰是休闲教育需要面对的问题。休闲的自我选择性意味着选择空间的多样性，人们可以这样选择也可以那样选择，其选择结果就可能存在着较大的差异，甚至导致自由选择与社会道德、社会责任之间的矛盾和冲突，如何引导人们实现自我选择与社会规范之间的统一，成为休闲教育的重要责任。人们自我选择什么样的方式和活动调节身心状态，也有可能出现积极或消极两种效果。有的学者把休闲单纯界定为“有益于身心健康”的活动，显然只是仅仅揭示了休闲的一个侧面，而正是由于休闲行为的自我选择的多样性可能导致积极与消极两种截然相反的休闲状态，才使得教育介入人们的休闲生活不仅成为一种可能，也成为一种必然。

基于以上对休闲概念的界定以及大学生的特征，本书将“大学生

① 马惠娣：《休闲问题的理论探究》，《清华大学学报（哲学社会科学版）》2001 年第 6 期。

休闲”具体界定为：大学生休闲是大学生在学习和生活必需时间之外可被自由支配的自由时间内，根据兴趣爱好有选择地对身心状态进行自我调节的活动。从休闲概念的自由时间、自我选择、调节身心状态内在联系来看，大学生休闲与休闲教育同样有着内在逻辑关系。

自由支配的时间是休闲发生的前提条件，也是教育介入大学生休闲生活的逻辑起点。从目前中国学校教育的实际情况来看，大学生自由支配的时间要远远多于应试教育下的中学生的时间，如何支配时间成为大学生需要认真对待并加以解决的问题。一些大学生缺乏科学合理支配自由时间的意识和能力，或者把自由时间全面用于学习之中而不会休闲，或者以一些毫无意义的事情打发时光。如何帮助大学生科学地分配和利用自由时间，学会合理健康休闲，成为教育介入大学生休闲生活的应有之义。

自我自由选择则是休闲的核心因素，也是休闲教育引导大学生休闲生活的关键环节。思想决定行动，人们休闲的自我选择是由人们的休闲观念决定的。西方心理学家诺伊林格认为对于休闲的选择，自由是建立在一定认知基础上，属于“内在”的休闲动机范围，而外在条件的影响被归为“外在”的动机。伊索—阿霍拉在此基础上，欲通过总结的两个休闲特点认识休闲：首先是休闲体验带来的对个人能力的认可，使人获得内在满足；其次认为内在的满足感是通过与社会中的他人的竞争获得的，这个观点保持着明显的唯我论倾向。[①] 休闲也是在自由的状态下进行的身心压力释放，以参与互动的方式与外在社会进行链接取决于其休闲动机，自由的范围是被控制在合乎法律条规和道德规范内的。因此休闲自我体验就不能忽略人的社会性。教育的任务就是要从社会休闲观的高度解决人们休闲观念和社会责任问题。

二　休闲的内涵外延

概念内涵揭示着事物各要素之间内在的必然联系，外延揭示着事物具体指向和适用范围。休闲内涵是由自由时间、自我选择和调节身心三

---

① ［英］克里斯·罗杰克：《休闲理论原理与实践》，张凌云译，中国旅游出版社2010年版，第26—27页。

大要件相互关联相互作用的过程统一体，休闲外延自然也就形成相互关联和交织的三个维度，即自由时间维度、自我选择的维度和调节身心的维度，人们的活动能否纳入休闲领域，都要受到这三个维度制约。一切能够作为休闲外延纳入休闲范畴的活动，都应该符合自由时间、自我选择和调节身心这三个维度。从这一意义上来看，休闲活动的指向既是非常广泛的，又是非常具体的，并且最终取决于人们以什么样的态度怎样参与到活动之中。

从教育的视角，社会所提倡的能够纳入休闲范畴的社会活动应具有以下几个特点。

首先，具有积极上进的良好心态。如前所述，人们休闲行为的自我选择性可能导致积极与消极两种休闲结果，社会所提倡的休闲态度是积极向上的休闲态度，所提倡的休闲活动是有益人们身心健康的休闲活动。塞巴斯蒂安·德格拉齐亚认为："休闲的生活不仅使人对真理产生更大的敏感，而且使人对美产生更大的敏感，对人与自然的奇迹产生更大的敏感，对人与自然的沉思和对文字、歌曲、泥土、色彩或石头的创造产生更大的敏感……扫清通往真理的道路，保持平静的客观。悠闲的生活可以成就许多事情；它不能保证什么。自由、真善美是它的信仰……休闲是一种理想。"① 杜威也曾说："富于娱乐性的闲暇活动不仅在当时有益于身体健康，更重要的是它对性情的陶冶可能有长期的作用。"人们对休闲作出的自我选择，能否保持积极向上的休闲态度和休闲情感，决定着人们能否在休闲过程中真正体验到社会生活的真善美的意义。

其次，体现丰富的思想道德和文化内涵。在优秀传统文化中，休闲活动同时也是文化活动，休闲载体同时也是文化载体。"兴于诗，立于礼，成于乐"，并体现在"礼、乐、射、御、书、数"六艺都蕴含着丰富的文化内涵。踏青、赛龙舟等民间活动以及古典民乐、诗词歌赋、传统戏曲等娱乐活动都有着人文教化和陶冶情操的功能。中国民间休闲活动也是丰富多彩的，并被赋予了严格特有的仪式。林语堂先生是将中

---

① Roger C. Mannell ed., *A Social Psychology of Leisure*, Pennsylvania: Venture Publishing, Inc., 1997.

国休闲观传播到西方国家的中国学者之一，他坚信中国的人文主义，认为一切事物和活动的中心是人，人生的目的就是享受快乐的生活。马克思·卡普兰在著作《休闲理论与政策》中，将中国的休闲与希腊时期的休闲进行比较研究：林语堂在上面所描述的闲暇的空虚不是在真空中，而是以一套井然有序的原则存在的，在这些原则中，人们非常强调“仁”，诺斯罗普将这种品质描述为“同情心”或“人与人之间的关系”。优秀传统文化重视休闲的社会伦理道德和文化价值，表明了虽然休闲所涉及的范围和领域是极其广泛的，但社会认可的休闲活动都是合乎社会规范、承载文化传承的活动。

最后，承载陶冶情操的功能。人们选择怎样的休闲方式就有着怎样的休闲效果。随着社会休闲业态日趋多样化，人们自我选择的时间和空间更为广泛，社会休闲领域的问题也随之而来。有的人沉迷于电子游戏、平台直播、虚拟网络空间之中，这些消极休闲方式的存在，反映了一些人在休闲自我选择上的失范，也反映了部分社会休闲业态在道德责任上的缺失。社会提倡的休闲生活是具有陶冶情操意义的生活，通过调节身心状态不断促进人们心灵的升华，这正是社会所提倡的休闲活动应有的效果。

总之，从自由时间、自我选择和调节身心三个维度规范休闲的内涵和外延，能够作为休闲载体纳入休闲领域的事物和活动是极其广泛而又庞杂的，这为教育介入人们休闲过程提供了现实可能性和必要性，休闲教育活动的目标指向就是帮助和引导人们树立正确的休闲观，自觉主动地选择那些体现积极向上的休闲情感，具有丰富的思想道德、文化内涵和陶冶情操功能的活动。

第二节　休闲教育

一　休闲教育定义

一般认为，教育是指有目的有计划地对人的身心发展施加影响的社会实践活动。由于社会背景、实施者和实施对象的不同，教育内容、实施方法存在着差异和不同，休闲教育也是如此。休闲教育作为对人们社会休闲生活施加影响的社会实践活动，其内涵和外延需要根据实施者和实施对象的具体情况加以界定。

学术界关于“休闲教育”的定义是多种多样的，休闲教育当然是以“休闲”为中心而展开的教育，不同的受教育者群体适配不同的休闲教育内容。休闲教育内容的多样性决定了对休闲教育认知的多元化。但基于休闲教育目的视角，大多数学者都把休闲教育定义指向为提高个体的休闲质量和生命质量。J. 曼蒂和 L. 奥杜姆两位美国休闲研究学者将休闲教育界定为是为了休闲提供完全帮助的发展过程：通过休闲教育，帮助人们形成自己的休闲价值观、确立休闲态度、明确休闲目的；休闲教育是个人全面发展的一个途径，休闲教育过程还是帮助人们认识休闲在生活中的重要性，认识休闲中的自我，建立休闲观、休闲技能与休闲活动之间的连接过程。他们用了一系列的否定排比句，明确限定了休闲教育定义，即休闲教育“14 个不是”：不是一种娱乐或娱乐服务；不是简单传授休闲内容的例子；不是一个关于娱乐从业人员的职业培训；不是对休闲价值观的简单传授；不是强化娱乐或娱乐业的意义；不是制订评价体系评估对休闲的利用；不是鼓励人们娱乐；不是扩大娱乐范围、传授娱乐的技能；不是站在工作的对立面、努力解放工作伦理束缚；不是牵强地将校内科目与休闲建立联系；不是将同一种休闲方式推介给每一个人；不是传统意义上的课程；不是独立可以教授的课目；不是局限在美国教育体系。这个对休闲教育的界定用排比句涵盖了休闲教育的内容、特点、意义、目的。① 刘海春认为，休闲教育指对人们休闲生活的理念和方法进行引导，使之“成为人”的过程。休闲教育的目的是引导人们如何去科学安排休闲生活、体验生命，实现人的自由全面发展，领悟生命的真正意义。马克思的人学思想恰恰是我们科学理解休闲教育目标的理论原点，将休闲教育独立于“人”之外研究，就真正违背了“休闲”和“教育”的内涵，休闲教育对人的发展意义至关重要。② 奇克森特米哈伊也认为，如果人们不具有积极主动的态度去工作或是参加自由时间里的活动，那么活动都可能会让人失望。杰弗瑞·戈

---

① ［英］J. 曼蒂等：《闲暇教育理论与实践》，叶京等译，春秋出版社 1989 年版，第 2—5 页。

② 刘海春：《论马克思的人本理想与休闲教育目标》，《自然辩证法研究》2005 年第 12 期。

比认为无论是从哲学视角还是从社会学视角对休闲教育的认识，都离不开提高休闲技能进而提高休闲生活质量等教育内容。因为在工作和休闲活动中，“有技术的”人比“没技术的”人有更好的前景及获得成长。①

休闲教育是多学科及社会多方面互相联动的过程，学术界也是从各自学科的角度，结合不同的教育对象进行阐述的。本书涉及领域是高等教育，研究指向为大学生休闲，因此必须适应中国社会发展趋势，结合高等教育培养人的目标，针对大学生特点和休闲生活实际做出科学界定。基于国内外学界已有的研究，本书认为休闲教育是以人的全面发展为目的，引导人们树立科学的休闲理念和休闲方式，以促进人们身心健康个性发展而开展的教育活动。休闲教育价值指向，就是引导受教育者树立科学的休闲观念，养成良好的休闲情感，提升对社会生活幸福感体验，实现自由全面发展。

二 休闲教育基本表征

休闲教育的基本表征是休闲教育应然价值的具体体现，是正确理解和科学把握休闲教育内在本质的基本载体和有效手段。根据高等教育的培养目标，我们将休闲教育界定为以人的全面发展为目的，引导人们树立科学的休闲理念和休闲方式，以促进人们身心健康和个性发展而开展的教育活动。这一针对休闲教育内涵的界定决定了休闲教育有着以下几项基本表征。

首先，休闲教育不是谋生教育，而是乐生教育。在人们社会生活中，休闲不是谋生手段，而是自由时间中自由选择的乐生方式。社会生活中一些物质和文化活动既可作为工作载体，也可以作为休闲载体。区分这些物质和文化活动是属于工作范畴还是休闲范畴，取决于人们是在工作时间内的“谋生”，还是利用自由时间“乐生”。比如，人们休闲时间参加的各类体育和文化娱乐活动属于休闲范畴，但专业运动员的体育比赛、文艺工作者的专业演出，对于他们来说是职业行为不应属于休

① ［美］杰弗瑞·戈比：《你生命中的休闲》，康筝译，云南人民出版社2000年版，第297页。

闲的范畴。随着科技的快速发展，人们拥有的可休闲时间呈现出越来越多的发展趋势。然而，相当一部分人将可休闲时间变成了“加班”，自由时间被占用成为“工作时间”，这些行为又使得可休闲时间成为谋生时间，“内卷化”也成为一些人的生命存在的一种常态。更多的自由时间服务于工作，这就进入休闲时间增加、工作更忙碌的一个怪圈：人们拥有所谓的自由支配的自由时间，但是身心却未得到放松。自由时间被工作时间直接或间接占用，结果将是虽然我们的物质财富获得积累，但是却无形剥夺了我们的精神财富，美国学者达拉里指出，我们今天的教育被理解成适应工程、技术和信息的变化，忽视了人的整体发展，特别是无视人的精神、灵魂的个性化特征，教育被简单化为机械主义和理性主义。当代美国教育哲学家格罗舍在其著作《精神的再认与发展：教育的合法性关注》中把对当代教育危机的批判与严肃的理论思考结合起来，从哲学的高度论述了人的精神存在属性及教育引导其发展的可能性。他直截了当地指出，精神教育是教育与哲学的联系，它既可使现代人摆脱精神空虚的困境，又复归了古老的哲学和教育的传统，历史在新一轮的循环中又回到了它的起点。① 托马斯·古德尔和杰弗瑞·戈比认为休闲教育包括：提供能保证人们抓住已有的、潜在机遇的信息；通过传统形式或非传统形式，帮助人们发展一种能参与令人满意的休闲活动的技能；通过教育的形式，培养人们的兴趣爱好，参与休闲活动后的价值与追求价值的活动相匹配。②

休闲异化现象的出现使得自由时间的增加并未有效转化为真正的休闲时间，本应该精神得到放松、提升自我的休闲活动，被替换为以经济利益为目的的谋生行为。金钱至上的错误观念让人们对“物”生出执念，已然忘了物应为人所用，而不是人追着无法满足的物欲前进。人们将“物”置于人生最高点，错将“得到物”作为人生价值的评价标准。此类情况的发生，在一定程度上反映出了我们的休闲教育的缺位。休闲带给人们的是“什么是生命”“什么是‘生命的意义’”，休闲教育的

---

① 王坤庆：《当代西方精神教育研究述评》，《教育研究》2002 年第 9 期。

② ［美］托马斯·古德尔、杰弗瑞·戈比：《人类思想史中的休闲》，成素梅译，云南人民出版社 2000 年版，第 173 页。

一项重要责任就在于帮助人们正确地认识休闲对于人生的意义，更好地在休闲过程中实现人生的价值、享受人生的快乐。

其次，休闲教育不限于休闲技能教育，其核心问题是休闲观的教育。休闲技能是个体运用已有的休闲知识经验，通过休闲练习掌握一定的肢体协调或智力活动的方式。按照人们的需要进行休闲技能教育是必要的，但并不是休闲教育的核心，休闲教育的核心内容是正确的休闲价值观教育。休闲技能教育应该围绕着树立正确的休闲价值观而展开，通过培养人们必要的休闲技能，体会到其中蕴含的文化价值，潜移默化地培育人们良好的休闲情感和休闲责任。休闲教育如果一味地追求休闲知识的输入和技能的培养，只会使人们收获关于物质的体验，精神得不到补给，何来体验生命的意义。只有具有人文精神引导的休闲教育，才能称之为教育。缺少人文精神的引导，必然会导致休闲教育目的的偏航。

人是社会化的产物，人们的休闲生活同其他生活一样具有社会化的属性。休闲是人们自由支配的时间进行的自由选择，但并不意味着是无序无底线的自由选择，更不是肆无忌惮的自由选择，而是建立在尊重自然和社会发展规律、承担社会责任和社会义务基础上具有行事规则的自由选择。休闲的自由状态应该是与自然、社会、他人相处和谐的状态。休闲教育的重要价值就在于通过培养人们与自然和谐、与社会和谐和与人和谐的休闲价值观，促进人的自由全面发展。

最后，休闲教育不仅是教育者传输理论教育，更是教育者与受教育者之间互动性的休闲生活体验教育。作为教育的一种表现形态，休闲教育活动有着一般教育活动的共性，同时又有自己的个性。休闲是人们的一种生活状态，休闲教育也必然要融入人们的生活之中。教育活动的基本要素是教育者与受教育者，教育目的制约着休闲教育者与休闲受教育者的角色位置。在休闲教育过程中，教育者与受教育者之间的关系是双向互动，交互影响的。无论教育者还是受教育者都具有或者相同或者不同的休闲生活体验。在教与学的活动中，既需要教育者进行休闲理论的传输，又需要更加注重在休闲实践中进行休闲生活的体验教育。这种理论与实践高度结合的教育模式，使教育者与受教育者之间的角色互换也成为一种可能。随着休闲教育活动场景的变化，必然会出现教育者与受教育者的角色互相转变的情景。这种转变能够使教育者与受教育者在共同的休闲生活体验中形成休闲认知共识，有利于进一步增强休闲教育的亲和力和实效性。

三　休闲教育目标指向

休闲教育的根本目的是通过引导人们的社会休闲生活，实现人的自由全面发展。具体来说，休闲教育的目标指向主要体现在以下几个方面。

首先，致力于培养人们健康向上的休闲态度和休闲观念。人们的休闲态度和休闲观念体现着人们对休闲生活的基本看法和基本立场，决定着人们对休闲生活的价值判断，指导着人们的休闲行为。人们的休闲观念是在休闲实践活动中逐步形成的，具有相对稳定性。随着人们休闲观念的形成，同时也自然形成了一定的价值取向和行为定式，人们的休闲观念集中体现着人们对休闲价值与休闲意义的认知，其主要内容包括：如何认识和处理休闲与自然、社会和他人的关系，如何认识和处理自由选择与社会责任的关系，如何认识和处理感官愉悦与精神追求的关系，如何认识和处理个性张扬与全面发展的关系等。这些问题都集中反映着人们的休闲价值观，是休闲教育迫切需要认真对待切实加以解决的重大课题。

其次，致力于提高人们面对纷繁复杂的社会休闲现象的辨别和选择能力。休闲是人们在自由支配的时间内进行的自我选择，这是休闲生活区别于其他社会生活的一个显著特点。在一定意义上来说，自我选择就是自由选择。休闲的权利是人们生而具之的，没有自由选择就没有休闲活动。但自由与责任又是统一的，人们的任何自由选择都意味着必须为这种选择的结果负责。人们的社会休闲环境是错综复杂的，特别是现代网络技术、数字技术与人工智能技术的迅猛发展，创造了不同于现实的虚拟时空和虚拟环境，从而演绎出现实与虚拟相互交织的两个休闲世界。高科技创造出的虚拟世界所具有的前所未有的开放性和包容性，极大扩展了人们休闲空间的选择范围，同时也进一步增加了人们自由选择的难度。虚拟生活的人生体验不同于现实生活中的人生体验，但又影响着人们对现实生活的人生态度。这种虚拟空间带来的高度自由感，不可避免地会造成与现实自由之间的反差，进而有可能模糊和颠覆人们在现实社会中形成的认知。休闲教育首先要尊重人们的休闲选择自由，同时又要引导人们休闲选择自由，帮助人们树立休闲自由选择的社会责任感，提高对纷繁复杂的社会休闲现象的辨别能力。

最后，致力于培育身心和谐的休闲审美情感和休闲审美品味。人们的休闲品味和休闲情调与人们的休闲审美密切相关。人们休闲情感表达的过程也是表达休闲审美的过程。人们追求休闲生活的自然和谐之美和社会和谐之美，最终要聚焦于追求身心和谐之美。人们审美不是物欲的发泄，而是精神的愉悦。在古代的休闲生活中，无论是琴棋书画、诗歌文赋等休闲载体，还是品茶、斗酒、投壶、骑射、垂钓、游历等休闲娱乐活动，都蕴含着丰富的文化内涵，向外界传递着人们在休闲生活中追求精神愉悦的审美情调，体现着追求休闲生活之美与陶冶精神世界的统一。马克思说过："对于没有音乐感的耳朵来说，最美的音乐也毫无意义。"培养人们的休闲情感和休闲情调，重要的是培养人们的休闲审美意识，使人们通过寻求适合自己心性的休闲活动，在获得身心调节的同时得到精神境界的升华。

总之，社会背景、休闲教育的实施者和实施对象的不同，对休闲和休闲教育理解和把握上存在差异，本书把休闲教育界定为是以人的全面发展为目的，引导人们树立科学的休闲理念和休闲方式，以促进人们身心健康而开展的教育活动，既考虑到休闲教育的普遍性，又突出了休闲教育的特殊性，在目标指向和内容方法上兼顾了不同的教育群体。比如，对于中小学的学生来讲，可能对休闲技能的教育内容相对较多，而大学生更应该重视系统性的理论教育。无论是休闲技能还是系统性的理论教育，最终目的都要落实到提高学生的休闲素质上。对中小学生开展休闲技能教育，也是为了通过潜移默化的形式培养他们的正确休闲观念和休闲情感。因此，在休闲教育价值指向上，强调不局限休闲技能教育，但核心问题是休闲观的教育等问题，要努力做到既突出重点，又兼顾一般，以期从基本概念规范上为深入开展高校休闲教育提供必要的支撑。

第三节 休闲教育历史发展

从人类社会历史发展来看，休闲与教育存在共生关系，休闲教育的发展，大致分为萌生和朴素发展阶段、系统化教育探索发展阶段和现代教育拓深发展阶段。

一 萌生和朴素发展阶段

在探讨休闲与教育时，大部分学者会用“school”的演变过程来阐释古希腊时期的休闲与教育是互为其中、共同发展演进的关系。它是由希腊语的“schole”演变，古希腊的哲学家亚里士多德、柏拉图在被称作“schole”的地方讲课，“schole”，由此演化为拉丁语词“school”，后又被英语借用，意为学校。由此看来，休闲与教育最初就是相互交织、互相渗透的共存关系，天然存在必然联系。这一阶段的基本特点为休闲教育是人们按照社会休闲生活需求的惯性进行的，尚没有形成系统的休闲教育体系。

古希腊时期的斯巴达教育是聚焦在学生的身体健康上，为了军事而进行的尚武教育，通过五项竞技培养英勇善战的武士，教育管理由国家统一管理；雅典教育是通过身心和谐发展崇文的全面发展的教育，目的是培养积极的社会活动家。作为休闲研究之父的亚里士多德反对柏拉图对世界的划分认识，他认为世界是统一的，观念世界和现象世界是不可分的，他的著作《尼各马可伦理学》和《政治学》探究“如何幸福”，他是首位将休闲与教育联系在一起的思想家。正是对世界持有这样的认识，他将休闲教育融入其哲学思想体系之中，将人的灵魂分为植物、动物、理性三种，对应了体育、德育、智育和美育。

亚里士多德认为：“应当有一种教育，以此教育公民的子女，既不立足于实用也不立足于必需，而是为了自由而高尚的情操。”① 他反对教育实用说和功利说，认为教育不应被赋予特定的目的，教育的内容被

① ［古希腊］亚里士多德：《亚里士多德全集》（第九卷）《政治学》，颜一、秦典华译，中国人民大学出版社 1994 年版，第 271 页。

分为德智体三部分，他也提倡重视培养个人的情趣、滋养身心的音乐教育。这样的教育，才可能使人成为一个拥有真正的自由和高尚的情操，实现这样的状态，也只能通过休闲时间里的静思，锻炼后天形成的理性思维。休闲是他认为实施自由教育的两个基本条件之一，休闲是一种理性活动，只有不为生计奔波具有充足的休闲时间的人，才能不被其他琐事累心，获得关于理性的教育。①

中华优秀传统文化充分体现了休闲与教育的寓教于乐，蕴含了丰富的休闲元素。在休闲体验中，古人重视并体验人格价值，他们善于通过游学增长学识。南宋诗人巩丰描绘了古代学子远行求学："士游乡校间，如舟试津浦；所见小溪山，未见大岛屿；一旦远游学，如舟涉江湖……"（《送汤麟之秀才往汉东从徐省元教授学诗》），"游学博闻，盖谓其因游学所以能博闻也"（《史记·春申君列传》），"游学于汾晋间，习天文及算历之术"（《北史·樊深传》）。这些都是中国古代，"游士""游学"的经历，"读万卷书行万里路"就是中国古人休闲教育的最有力印证。

在中国古代教育体系中，通过人们社会休闲活动的道德与文化渗透以培养健全人格是休闲教育的重要形式。"穷则独善其身，达则兼济天下"（《孟子·尽心章句上》），这种独立自由的人格，始终是中国古代主流思想文化所提倡并受到士大夫和文人所追求的精神节操。一些学者把中国古代休闲文化概括为"入世"与"出世"两种基本形式，从表象来看体现了两种截然不同的休闲态度，但在本质上都是建立在追求"人格"独立自由的基础之上的。"通则显，穷则隐"，选择"入世"还是选择"出世"，从总体上来说都不过是"穷则独善其身，达则兼济天下"这一基调下的不同体验形式和践行路径。

儒家强调："笃信好学，守死善道，危邦不入，乱邦不居。天下有道则见，无道则隐。邦有道，贫且贱焉，耻也；邦无道，富且贵焉，耻也（《论语·泰伯》）。""富与贵是人之所欲也，不以其道得之，不处也。贫与贱是人之所恶也，不以其道得之，不去也（《论语·里仁》）。"这就是说，人应该牢牢守住最基本的良心与气节，不能因社会压力而屈

① 陆扬：《亚里士多德论休闲》，《黑龙江社会科学》2011 年第 3 期。

服和丧失。富贵是人人都向往的，但如果通过不正当的途径获得，作为君子是不能安享的，而人人厌恶贫贱，但如果不通过正当的途径摆脱也是不得安宁的。道家强调“道常无为，而无不为”，一切都应遵循自然顺势而变。这些观念对人们特别是对士大夫和文人的人生态度和生活方式产生了深刻影响。

中国休闲学专家马惠娣和刘耳认为中国作为拥有悠久文明历史的国家，“家训”既是传承儒家思想文化的载体，又兼具休闲教育的基础地位。“女训”是“家训”的重要组成部分，内容涉及德、言、容、功等方面。“女红”是“女训”的重要组成部分。通过“女红”，能让女性修心怡性，增长知识，陶冶情操，丰富休闲生活。不论“女红”“女训”还是“家训”，都对调整社会结构、整齐民俗家风、节制财物之用、理顺社会关系与人间秩序做出了特殊的贡献。[①] 具有历史传承的休闲活动，都是经过祖祖辈辈教授后代，才得以继承。这种传授形式理应是休闲教育的初始状态，人们聚在一起就可以成为上课的课堂，河边、牧场甚至是绣堂，都是传授休闲技能的场所。某些古老的休闲活动有时又是能换取生计的职业，在非职业人那里被当作休闲活动，交织在一起，很难以活动的内容和形式判断是职业行为还是休闲活动。

二　系统化教育探索发展阶段

19 世纪中叶以来，人们的生活方式进入科学研究领域，休闲作为一种生活方式进入人们的研究视野。马克思和恩格斯指出，在社会生产的每个时代，都有“这些个人的一定的活动方式、表现他们生活的一定形式，他们的一定的生活方式”。马克思和恩格斯把自由时间中参与的休闲作为一种社会方式纳入人的自由全面发展中进行了深入研究。每个人都拥有休闲时间，但并非人人都会休闲。休闲时间是一种人人拥有，并可以实现的观念，而休闲却并非每个人都可以真正达到的人生状态，因为，休闲不仅是一种观念，而且更是一种理想。[②] 自由时间代表

① 马惠娣、刘耳：《“家训”在古代人休闲教育中的功能——兼及“女训”与“女红”考》，《洛阳师范学院学报》2012 年第 12 期。

② ［美］托马斯·古德尔、杰弗瑞·戈比：《人类思想史中的休闲》，成素梅译，云南人民出版社 2000 年版，第 1 页。

的是时间量，而休闲则是人的生活方式和生存状态。拥有自由时间不能等同于达到了休闲的状态。如何科学利用自己的自由时间，达到休闲的人生状态；如何过好自己的休闲生活，达到理想生活方式的选择，成为人们关注的一个重要社会问题。这一阶段的显著特点是社会休闲和休闲教育越来越引起社会的重视，人们对休闲教育与人的发展关系进行了比较系统的研究，并尝试把休闲教育纳入国民教育体系，为开展系统性的休闲教育进行了积极探索。

西方近代休闲教育正式进入教育机构是在 1918 年，美国联邦教育局发布的关于高中教育中的“中心原则”，逐步在高中开展有关休闲方面的教育。但后期因为美国经历了近 10 年的经济大萧条，已经无暇顾及除了经济复苏以外的事情，因此休闲教育也就暂时被人们遗忘。直到二战结束后，经过美国教育委员会官方呼吁，休闲教育才又一次被关注。这一阶段，美国一些教育专家和社会工作者普遍呼吁人们应该合理利用休闲时间，培养个人和社会的兴趣，从而提升自我的实力，扩大自我力量，承担起自我的社会责任，履行职责。相反，过度休闲或是无意义休闲将会给生活带来伤害，影响到个人生活、自我健康、社会关系，甚至是家庭稳定。为有效提升年轻人的社会化和智力发展，美国政府开始大量建设户外休闲活动场所，积极引导人们的休闲活动。在一些大学设立了相关专业，招生也是呈逐年增加的趋势。从那时起，提倡休闲教育的人们所期许的休闲教育应更在意个人的行为、个体的体验、经历和个性自由发展。休闲教育也是将休闲、自由和教育联系在一起，用休闲教育来引导如何充分利用更好地休闲，调节个人和社会的发展轨迹。

中国近代时期的休闲教育起始于民国时期。政府颁布了多份实施休闲教育的指令性文件和学生进行休闲教育的大纲，将休闲教育纳入了教育体制。1924 年，当时的山西省立国民师范附属小学校提出《小学校应利用星期日施行休闲教育，以完成学校教育的方案》。也是同年，第十届全国教育青年联合会议通过了《小学校应切实设施休闲教育案》的决案。认为除学校每日正课外，宜利用课外及休闲时间，根据儿童身心发育的程序，施予各种相当的课外活动。①

---

① 王占华：《民国时期小学休闲教育初探及启示》，《教育研究与实验》2015 年第 4 期。

三 现代教育拓深发展阶段

从20世纪中期开始，为推进休闲教育的全面深入开展，西方国家开始兴起休闲的研究，多领域的学科专家分别从各自的专业研究角度对休闲进行交叉学科探究，形成了休闲哲学、休闲体育学、休闲社会心理学、休闲经济学、休闲教育等研究方向。休闲制约、休闲满意度研究也成为开展休闲教育研究的热点问题，诸多著名的休闲研究学者如查尔斯·布莱特比尔、马克斯·卡普兰、约翰·凯里、杰弗瑞·戈比、罗伯特·斯特宾斯等，出版了若干关于休闲教育理论的研究成果。宾夕法尼亚州立大学娱乐、公园与旅游管理专业的约翰·达蒂洛的休闲教育课程的代表成果《休闲教育方案规划》已经编写了四版，详细描述了休闲教育课程的内容、目的、方法以及休闲教育实践案例。

自20世纪末以来，中国社会与政府对休闲和休闲教育的重视程度不断提高，根据《中国经济生活大调查（2019—2020）》反映的中国公民生活大数据，中国人每天的平均休闲时间是2.42小时。[①] 随着现代社会科技快速发展，数字化产品更迭速度明显提高，人们休闲的条件不断变化，休闲教育对象、内容和方式也随之变化。

从广义的社会学意义的休闲教育来看，中国对一些相对特定社会群体的休闲教育发展比较迅速并日趋成熟。例如老年群体的休闲教育。进入21世纪，随着人口年龄结构的变化，全球老龄化问题面临严峻挑战，特别是发展中国家，预计到2050年年底，老人所占比例预计将由8%上升到19%，但儿童所占比例将由33%下降到22%。[②] 国家信息中心公布了根据2013年中国人类发展报告的预测，到2030年，中国65岁以上的人口占全国总人口的比重将提高到18.2%。[③] 根据中国现有的退休执行政策，多数60岁的老年人已经离开工作岗位，开始了退休生活，

① 高杨：《经济生活大调查》，央广网2022年7月，http：//finance. cnr. cn/txcj/20200703/t20200703_ 525153763. shtml，2022-5-8。

② 《联合国老龄化议题—老龄化问题概况》，https：//www. un. org/chinese/esa/ageing/introduction. htm，2022-5-8。

③ 陈彬：《中国人口老龄化趋势及其影响国家信息中心》，http：//www. sic. gov. cn/News/455/5900. htm，2022-5-8。

他们是拥有最多可休闲时间的群体。为了提升老年人的获得感和幸福感，国家出台了一系列政策，动员各种社会力量及教育部门力量，推动扩大老年休闲教育资源供给。各地相继成立了一大批老年人大学和老年人休闲服务机构，开展丰富多彩的老年人娱乐、健身、文化等学习教育活动和各种形式的老年人休闲体验活动，提升老年休闲生活质量和水平。在女性群体的休闲教育方面，西方休闲教育及其休闲教育研究更加注重休闲权力保护问题。卡拉·亨德森从女性主义视角研究休闲教育，认为女性休闲是不断变化的，没有任何一种女性主义观点能掌握这些多样性与变化性。霍希尔德在《第二轮班：那些性别革命尚未完成的事》中提出，男性与女性在工作上有一个工资差距，那么在家里也有一个“休闲差距”。其实，男性与女性有很多种差异，身份创造的“休闲差距”只是诸多差距中的一个。[①] 中国教育研究学者将女性作为休闲教育研究对象的主要关注点是女性的休闲机会问题。如姚业戴、韩晗通过调查与分析广州高校女教师参与休闲体育活动的特征，梳理出她们对休闲的认识水平和参与休闲体育行为水平均处于较低状态。[②] 针对女性休闲机会较低的问题，各级妇联等社会组织开展了多种形式的休闲教育活动，为女性群体创造更多的休闲机会。无论对老年人群体还是对女性群体，休闲教育内容主要集中在培养他们的休闲技能和养成良好的休闲方式上。

从学校教育来看，各类学校教育机构的休闲教育对象主要是青少年群体。中国义务教育中突出问题之一就是学生学业负担过重，对学生、家长甚至社会都造成了极其严重的负担，这也是目前中小学休闲教育顺利开展的一个阻碍因素。国家为保障中小学生的休闲时间，出台了一系列针对学校教学和校外培训机构的政策措施。教育部、发展改革委、公安部、民政部、财政部等九部委联合印发了《中小学生减负措施》，即减负三十条，明确提出要扭转不科学的教育评价导向，引导全社会树立科学的教育质量观和人才培养观，切实减轻违背教育教学规律、有损中

① ［美］卡拉·亨德森等：《女性休闲：女性主义视角》，刘耳等译，云南出版社 2004 年版，第 2—4 页。

② 姚业戴、韩晗：《广州高校女教师参与休闲体育的现状与发展对策》，《体育科技文献通报》2008 年第 2 期。

小学生身心健康的学业过重负担，促进中小学生健康成长，并强调要进一步规范教育秩序，建立中小学校教育的评价体系，将美育体育成绩列入考核体系，保障中小学生的审美健体课按教学计划进行，广泛组织学生参加文体活动，提供丰富多彩的课后服务，切实让学生能够真正快乐成长。从休闲教育发展的趋势来看，随着国家义务教育提质减负的一系列政策措施的实施，中小学休闲教育面临着一个良好的发展机遇期。中国高等院校的休闲教育也在积极探索中取得了较大进展。虽然中国高等教育体系中还没有把休闲教育作为一个独立学科和独立课程进行单独设置，但休闲教育的内容作为全面推行素质教育的一部分渗透到思想政治和音乐体育等相关学科之中。在教育方法上，现代科技手段开始得到利用，互动式网络化线上线下教育方式逐步有所开展，拓宽着休闲教育的内容和形式。同时，一些高校相继开设了一些休闲教育专业和课程，开始注重对从事休闲教育方面的有关人才培养。随着教育的高质量发展和教育体制改革的不断深化，期待中国的高校休闲教育获得良好快速的发展。

第二章
中国高校休闲教育的理论基础与文化渊源

任何社会教育形态都是建立在这一社会占主导地位意识形态和深厚的文化渊源基础之上的。高校休闲教育是着力于培养大学生科学的休闲理念和休闲方式，促进大学生身心健康和全面发展而进行的教育活动，其理论基础是马克思主义社会休闲与人的全面发展思想，其文化渊源是中华优秀传统文化。深入研究马克思主义社会休闲与人的自由全面发展思想，深入挖掘优秀传统休闲文化的现代价值，探究这一理论和文化与高校休闲教育的内在联系，为高校休闲教育提供坚实的理论支撑和文化支撑，对于推进高校休闲教育的深入开展有着极其重要的理论和实践意义。

第一节　马克思主义社会休闲与人的自由全面发展思想

在马克思主义经典作家那里，社会休闲和人的自由全面发展理论是一个相互贯通的有机整体，并作为无产阶级自我解放的武器，蕴含在“批评旧世界”“发现新世界”等理论之中。[①] 马克思、恩格斯在《共产党宣言》中把人的自由全面发展确定为共产主义者的理想目标和共产主义社会的基本原则，明确指出“代替那存在着阶级与阶级对立的资产阶级旧社会的，将是这样的一个联合体，在那里，每个人的自由发展是一切人的自由发展的条件”。在《政治经济学批判大纲》《德意志

① 张永红：《马克思的休闲观及其当代价值研究》，博士学位论文，中南大学，2010 年。

意识形态》《资本论》的一系列著作中，都对人的自由全面发展进行了深入阐述。马克思主义经典作家虽然没有就社会休闲问题进行专门系统的阐述，但有着大量的人们自由闲暇生活的描述体现在关于“未来社会”和人的自由全面发展的论述之中，蕴含着丰富的休闲思想。在马克思的经典著作中，自由时间是马克思休闲思想的核心概念，同时也是人的自由全面发展思想的核心概念。马克思为无产阶级争取的休闲权始终聚焦在同资本家争夺工人的自由时间之上，并强调自由时间是人的自由全面发展的必备条件。马克思认为：“一个人如果没有一分钟自由的时间，他的一生如果除睡眠饮食等纯生理上的需要所引起的间断以外，都是替资本家服务，那么，他就连一个载重的牲口还不如。他身体疲惫，精神麻木，不过是一架为别人生产财富的机器。”[①]“被剥削被压迫的阶级（无产阶级），如果不同时使整个社会一劳永逸地摆脱一切剥削、压迫以及阶级差别和阶级斗争，就不能使自己从进行剥削和统治的那个阶级（资产阶级）的奴役下解放出来”。无产阶级的解放与人类的解放是一致的。[②] 只有无产阶级获得彻底解放，人类才能彻底解放，人的休闲权才能得到充分保障，人的自由全面发展才能成为现实。深入挖掘马克思主义休闲和人的全面发展思想，必须牢牢抓住马克思关于“自由时间”这一核心概念，并把休闲思想和人的全面发展理论作为一个相互贯通的有机整体，放在“批评旧世界”“发现新世界”的整个理论体系中进行把握。马克思主义关于社会休闲和人的全面发展思想的内容极其丰富，本书试图以促进人的全面发展为根本出发点，着眼于推进大学生休闲教育，从社会休闲与人的全面发展之间的关系问题入手，研究和揭示马克思主义关于社会休闲与人的全面发展思想之间的内在有机联系，以期为加强高校休闲教育提供坚实的理论支撑。

一　自由时间是社会休闲与人的自由全面发展的先决条件

自由和自由时间是马克思休闲思想和人的全面发展理论的核心概念和重要思想。马克思关于时间提出的“free time”概念，国内学者普遍

① 《马克思恩格斯全集》（第16卷），人民出版社1964年版，第161页。

② 《马克思恩格斯选集》（第1卷），人民出版社2012年版，第380页。

把“free time”翻译成自由时间，而西方国家的学者多认为“free time”即为“leisure”，直接含义是闲暇时间、休闲时间。不论是自由时间还是闲暇时间，都指向人的自由支配的时间。从一般社会意义上来讲，自由是指人们能够按照自己意愿而做出选择的一种生活状况，而哲学上的自由则是建立在对事物发展的客观必然性认识基础上的行为状态。马克思把社会意义的自由与哲学意义上的自由有机结合，从社会发展一般规律的高度，勾画出未来社会人类生活的理想状态，这一状态就是自由休闲生活和人的全面发展的状态。纵观马克思关于自由时间的论述，可以看出马克思强调的自由时间是为了争取无产阶级的休闲权和实现未来社会的人的全面发展而展开的。在马克思看来，自由支配的自由时间是无产阶级必须争取的基本权利，同时也是实现人的自由全面发展的先决条件。马克思认为，在未来社会，劳动成为人们的第一需要，人们可以根据自我发展的需要自由选择劳动时间和劳动方式，从而又赋予了“自由时间”以更为广泛的含义。没有自由时间，就没有人的自由，也就没有人的自由闲暇生活和人的自由全面发展。正如马克思在《政治经济学批判》中所提出的：时间是人类发展的空间。一个人如果没有自己处置的自由时间，一生中除睡眠饮食等纯生理上必须的时间以外，都是替资本家服务，那么，他就还不如一头役畜。他不过是一架为别人生产财富的机器，身体垮了，心智也变得如野兽一般。现代工业的全部历史还表明，如果不对资本加以限制，它就会不顾一切和毫不留情地把整个工人阶级投入这种极端退化的境地。①

在马克思看来，自由时间是人们在劳动时间之外，除去满足生理和维持家庭生活需要之后的可自由支配的时间。自由时间的本质是“自由运用体力和智力的时间”。马克思在《资本论》等经典著作中对“劳动时间”和“自由时间”之间的关系进行了系统分析，认为劳动时间是具有客观强制性的时间，是人们不能自主支配的时间，自由时间则是人们能够自主支配的时间。人的自由的现实性体现为对自由时间的可支配性，因此人们在多大程度上占有自由时间成为衡量人的自由发展的重要尺度。马克思从劳动时间与自由时间的关系出发，对必然与自由的问

① 《马克思恩格斯选集》（第二卷），人民出版社2012年版，第61页。

题进行深入考察，从而进一步揭示了人们自由时间的自我选择与人的自由全面发展之间的内在有机统一性。马克思认为在资本主义生产方式中，劳动时间与自由时间是对立的，资本家为了获取更多的剩余价值，会大量挤占本应该属于工人的自由时间用于劳动时间。“这样创造的非劳动时间，从资本的立场来看，和过去的一切阶段意义，表现为少数人的非劳动时间，自由时间。”① 在资本主义社会，必要劳动时间的缩短并没有使劳动者享受更多的自由时间，丧失自由时间就是“工人就丧失了精神发展所必需的空间，因为时间就是这种空间。”② 因此也就根本谈不上自由全面发展。只有在彻底改变了资本主义生产关系的前提下才能消除和扬弃劳动时间和自由时间的对立，每个社会成员才能真正享受生产力发展和科技进步所创造出来的自由时间，才能真正依据自己的兴趣、爱好自由支配自由时间从事自我选择的活动，从而获得个人智力和创造力的自由发挥和全面发展的条件。

自由时间是休闲与人的全面发展的共同基础，同时也是马克思主义社会休闲和人的自由全面发展思想的重要理论基础。马克思阐述的未来社会的人的自由全面发展状态是与资本主义社会的人的片面畸形发展状态相对应的。资本主义生产在将人的片面发展推向极端，资本主义的机器大工业生产把人变成了机器的单纯附属物，人的发展状态是极简单的机械式“残废的畸形”状况。面对这个社会现实，马克思认为“个人的全面发展，只有到了外部世界对个人才能的实际发展所起的推动作用为个人本身所驾驭的时候才不再是理想、职责等等，这也正是共产主义者所向往的。”③ 人的自由休闲生活和自由全面发展之所以成为可能，就在于社会生产力的高度发展使缩短了的必要劳动时间之外的时间转变为人们可以自由支配的自由时间，而生存资料社会占有的生产关系以及与其相适应的上层建筑又决定这一自由时间不为少数人所占有，成为全体社会成员本身发展所需要的时间，从而保证了人们可以充分利用自由时间，按照自己的禀赋和个人的愿望爱好选择惬意的物质生活和精神生

① 《马克思恩格斯全集》（第46卷下），人民出版社1980年版，第221页。

② 《马克思恩格斯全集》（第47卷），人民出版社1979年版，第344页。

③ 《马克思恩格斯全集》（第3卷），人民出版社2012年版，第330页。

活。马克思把自由时间作为人的休闲生活和人的全面发展的共同基础，纳入“未来社会”的发展趋势，赋予人的休闲生活和人的全面发展的共同的社会价值和人生意义。

因此，自由时间成为社会休闲与人的全面发展相统一的重要逻辑基点。自由时间作为人能够自由支配的时间，构成了社会休闲生活与人的全面发展的共同基础，同时也使人们追求美好的休闲生活与实现人的全面发展的有机统一，不仅成为一种可能，也必然成为现实。在马克思看来，“时间实际上是人的积极存在，它不仅是人的生命的尺度，而且是人的发展的空间。”“财富（现实的财富）不是对剩余劳动时间的支配，而是除了耗费在直接生产上面的时间以外，每个人和整个社会可以自由支配的时间。”自由时间应当全部作为每个人自由发展的时间，“所以资本家是窃取了工人为社会创造的自由时间，即窃取了文明”。马克思认为，在资本主义社会中休闲与劳动处于相背离的“异化”状态，资本家拥有工人参与的劳动而创造的财富，工人通过劳动创造了价值却得不到休闲权。对自由时间的拥有和自由支配，既是资本主义社会中无产阶级争取休闲权的必然要求，也是“未来社会”人的全面发展的必然选择，而无产阶级争取休闲权的最终目的就在于实现“未来社会”的人的全面发展。现代美国的休闲学者托马斯·古德尔和杰弗瑞·戈比指出：“马克思、恩格斯认为……休闲曾是自由的王国，而他们在有意义的劳动中却很少看出什么前景。随着私有财产的废除，人们不再是物质的奴隶，他们将会自由地形成自由的个性并决定自由的命运。”① 可以说，马克思关于自由时间的论述，核心价值之一在于实现了人的社会休闲与人的自由全面发展的有机统一。

二　追求自由闲暇生活是人的自由全面发展的必然要求

在马克思看来，作为人类社会发展的重要目标的人的自由全面发展，不是抽象的概念而是体现在活生生的现实生活之中。马克思认为，

① ［美］托马斯·古德尔、杰弗瑞·戈比：《人类思想史中的休闲》，成素梅译，云南人民出版社2000年版，第93页。

"所有自由时间都是供自由发展的时间，"① 这种时间不被生产劳动所用，而是只用在娱乐和休息，从而为自由活动和发展开辟广阔天地。时间是发展才能等的广阔天地。社会休闲生活作为一种人们自由时间自我选择的生活状态，既是追求自由闲暇生活的状态，同时也是实现人的自由全面发展的过程，追求自由惬意的休闲生活直接体现着人的自由全面发展。

追求自由闲暇生活是人的自我解放的直接结果。在马克思关于"人类解放"的理论中，个人的解放是"人类解放"的重要价值目标。马克思在《1844 年经济学哲学手稿》中指出，"人以一种全面的方式，也就是说，作为一个完整的人，占有自己的全面的本质"。"每一个单个的个人的解放的程度是与历史完全转变为世界历史的程度一致的"。② 资本主义使人处于一种异化状态，个人成为机械劳动的附属物，"个人的全部时间都成为劳动时间，从而使个人降到仅仅是工人的地位，使他从属于劳动。"③ 而在未来社会，才能实现人向真正的人的复归，"由于给所有的人腾出了时间和创造了手段，个人会在艺术、科学等方面得到发展"。④ 由此可见，马克思把实现人的自我解放作为人类解放的一部分，而人的解放首先是自由支配"自由时间"的解放，人们不再是机器的附属物，可以按照自我发展需要进行自由闲暇的生活。这是人的自我解放的必然结果，也是实现人的自我解放的具体体现。

追求自由闲暇生活是实现人的个性发展的必然要求。个性自由发展是马克思关于人的全面发展理论中的重要组成部分，人的自由全面发展首先是基于真实存在自由的人。与黑格尔、费尔巴哈的以"精神"或"类"来抽象地谈论"个性"不同，马克思以人的社会性为立足点，强调人是社会化的产物，人的个性发展是建立在社会发展基础之上，并受到一定社会环境的制约，同时把人的主体能动性和独创性作为个性发展基本价值取向纳入人的自由全面发展之中。马克思认为：资本主义社会

---

① 《马克思恩格斯全集》（第 46 卷下），人民出版社 2012 年版，第 139 页。

② 李明：《新时代"人的全面发展"的哲学逻辑》，http：//theory. people. com. cn/n1/2019/0211/c40531 - 30616949. html，2020 - 9 - 8。

③ 《马克思恩格斯全集》（第 46 卷下），人民出版社 1980 年版，第 222 页。

④ 《马克思恩格斯全集》（第 46 卷下），人民出版社 1980 年版，第 219 页。

把人沦为生产的工具，仅仅保留一些动物也有的自然属性，而丧失主体能动性，“这种奴隶状态的顶点就是：他只有作为工人才能维持自己作为肉体的主体，并且只有作为肉体的主体才能是工人”，而“在资产阶级社会里，资本具有独立性和个性，而活动着的个人却没有独立性和个性”。[①] 共产主义新社会必将“代替那存在着阶级和阶级对立的资产阶级旧社会，这个新社会将是这样一个联合体，在那里，每个人的自由发展是一切人的自由发展的条件。”[②] “建立在个人全面发展和他们共同的社会生产能力成为他们的社会财富这一基础上的自由个性”。[③] 在马克思看来，人的全面发展意味着个性自由发展的充分实现，自由闲暇生活是人们在摆脱了来自旧社会分工和强迫劳动的各种束缚之后，人的个性能够充分展示的一种社会生活状态。在这种自由闲暇生活状态中，每个人以其对社会责任的高度自觉意识，摆脱“一切外在力量”的束缚，以自己的兴趣爱好选择自己的生活方式，充分张扬着主体能动性和创造性。社会休闲生活毫无疑问是人的主体能动性和创造性能够得以充分发挥的重要领域。在休闲生活中个人所展现出来的能力越是具有能动性和创造性，越能促进个性发展。以促进个性的发展实现人的自由全面发展，这是马克思关于“未来社会”发展的重要标志。

自由闲暇生活是人的自我价值实现的重要体现。人的需要是人类展开一切活动的源泉和动力。马克思在《德意志意识形态》中指出：各个人过去和现在始终是从自己出发的，他们的关系是他们的现实生活过程的关系。[④] 马克思曾把人的需要分为“第一需要”和“新的需要”。“第一需要”是人为了生存和延续而必要满足的需求，当人的生存所需的物质生活条件达到满足时，以精神追求为特征的自我实现的需要就成为人们的“新的需要”。马克思把自我实现作为人的“个性得到自由发展”的重要内容，明确指出“直接把社会必要劳动时间缩减到最低限度，那时，与此相适应，由于给所有的人腾出了时间和创造了手段，个

① 《马克思恩格斯选集》（第 1 卷），人民出版社 2012 年版，第 415 页。

② 《马克思恩格斯选集》（第 1 卷），人民出版社 2012 年版，第 422 页。

③ 《马克思恩格斯全集》（第 46 卷上），人民出版社 1979 年版，第 104 页。

④ 《马克思恩格斯选集》（第 1 卷），人民出版社 2012 年版，第 215 页。

人会在艺术、科学等等方面得到发展。"① 自我实现的过程是发挥自我创造性活动的过程，也是个体道德、艺术、审美、智力以及身心健康的全面发展的过程。追求精神生活，实现自我价值作为人的全面发展的重要内容和重要标志，同样体现在人们的自由休闲生活之中。人们在休闲生活中，不断发现自我、突破自我，不断提升文化素养和精神境界，真正成为自己生活和自我发展的支配者。

三　社会休闲是促进人的自由全面发展的重要力量

马克思把自由时间作为社会休闲和人的自由全面发展的共同逻辑起点，赋予了社会休闲对于促进人的自由全面发展的意义。"所有自由时间都是供自由发展的时间"，休闲时间同样就是"自由发展的时间"，人们的休闲生活就是人们自由发展的生活。因而社会休闲也就成为人的自由全面发展的重要范畴。马克思认为，人的自由全面发展要通过把社会必要劳动时间缩减到最低限度来实现，人在劳动时间的缩短和自由时间的增加的过程中获得的休闲权，最终要回归到人的全面发展。作为自由时间中自由选择的重要生活方式的社会休闲的根本目的就在于实现人的自由全面发展。这是马克思经典作家关于社会休闲与人的全面发展思想所揭示的人们社会休闲生活的本质特征和根本价值所在，体现着社会休闲与人的自由全面发展之间内在联系，体现了马克思主义社会休闲思想与人的自由全面发展理论的高度统一。

社会休闲生活之所以能够纳入马克思主义经典作家的视野，就在于社会休闲生活在促进人的自由全面发展中有着不可替代的重要作用。人们自由闲暇的休闲状态是人的解放的必然结果，同时又进一步促进着人的自我解放。社会休闲生活的高度自主性和创造性体现着人的本质力量，张扬着人的自我价值，促进着人的自由全面发展。马克思在《德意志意识形态》中阐述旧的社会分工与人的发展状况问题时指出，"只要人们还处在自然形成的社会中，也就是说，只要特殊利益和共同利益之间还有分裂，只要分工还不是出于自愿，而是自然形成的，那么人本身的活动对人来说就成为一种异己的、同他对立的力量，这种力量压迫

① 《马克思恩格斯全集》（第46卷下），人民出版社1980年版，第218—219页。

着人，而不是人驾驭着这种力量。原来，当分工出现之后，任何人都有自己一定的特殊的活动范围，这个范围是强加于他的，他不能超出这个范围：他是一个猎人、渔夫或牧人，或者是一个批判的批判者，只要他不想失去生活资料，他就始终应该是这样的人。”① 社会休闲之所以能够在促进人的全面发展中起着重要作用，就在于它是人们“出于自愿”的活动，能够有利于打破“社会活动的这种固定化”。

一方面，社会休闲具有高度的主体能动性和自由性。人们在休闲过程中能够充分解放自我、展示个性、发挥自我想象力和创造力，使这一过程成为自我提高自我完善的过程。另一方面，社会休闲具有极大的包容性和广泛性。休闲领域和休闲载体涉及自然与社会生活的各个方面，包括文学艺术和科学技术等物质形态和精神形态，给人们自由选择提供了广阔的空间，有利于开阔人们的视野，培养多方面的综合素质。这正契合着马克思为我们展示的人的全面发展的理想境界：“在共产主义社会里，任何人都没有特殊的活动范围，而是都可以在任何部门内发展，社会调节着整个生产，因而使我有可能随自己的兴趣今天干这事，明天干那事，上午打猎，下午捕鱼，傍晚从事畜牧，晚饭后从事批判，这样就不会使我老是一个猎人、渔夫、牧人或批判者。”②

总之，马克思主义社会休闲与人的自由全面发展思想是一个相连贯通的有机整体。马克思经典作家从为无产阶级争取休闲权出发，深刻揭示了自由时间的意义，进而又以自由时间为基点，进一步揭示人的全面发展的意义，形成了一个社会休闲与人的自由全面发展有着内在必然的有机联系的理论体系。马克思关于自由时间的阐述是社会休闲活动和人的全面发展的共同的理论基础，人们自由闲暇的生活与人的全面发展是“未来社会”人的生活和发展的美好状态和理想境界，人的全面发展体现于人的自由闲暇生活，人的自由闲暇生活促进着人的全面发展，社会休闲活动的根本目的是促进人的自由全面发展。社会休闲作为促进人的自由全面发展的重要路径，体现在促进人的解放和个性发展、实现自我价值和自我完善上。马克思主义社会休闲与人的全面发展思想为我们今

---

① 《马克思恩格斯选集》（第1卷），人民出版社2012年版，第165页。

② 《马克思恩格斯选集》（第1卷），人民出版社2012年版，第165页。

天深入推进高校休闲教育提供了坚实的理论基础和科学指南，深入推进高校休闲教育必须正确处理休闲教育与促进人的全面发展的辩证关系，把休闲教育与促进人的全面发展有机结合起来，既要尊重大学生的自我选择，充分调动大学生的主体能动性，又要科学引导大学生的自我选择，培养和树立正确的社会休闲价值导向，促进大学生的自由全面发展。

第二节 优秀传统文化中的休闲思想

任何现代文化都不能脱离其母体文化而凭空产生，中华优秀传统休闲文化是构建现代休闲文化以及现代休闲教育的基本底色和重要源泉。中华优秀传统文化是中华民族在长达五千多年的文明发展过程中孕育形成的具有鲜明民族特色的思想观念、人文精神和物质文化形态的集合，集中体现着中华民族的最深沉的精神追求，在培养和塑造民族自信、延续和发展中华文明中发挥着极其重要的作用。在中华文明发展过程中，形成的独具民族特色的休闲文化，深刻影响着人们的休闲认知、休闲观念、休闲情趣、休闲价值取向和休闲行为，成为中华优秀传统文化的有机组成部分，为中华民族生生不息、发展壮大提供了丰厚的滋养。因此，深入挖掘传统休闲文化中的合理内核，适应时代要求创造性转化与创新性发展，对于推进新时代休闲文化建设和现代休闲教育发展都具有重要意义。

一 传统休闲文化主要形态

中华文化源远流长、博大精深，在中华文化发展的历史长河中各种思想文化相互交锋融合，逐步形成了以“儒释道”为主要代表的思想文化体系。自汉武帝“罢黜百家，独尊儒术”之后，儒家思想长期作为中国古代主流意识形态而存在，在古代历史发展中始终居于主导地位。道家作为一种思想流派在历史文化融合中逐步演变出了“道教”这一本土宗教，并以宗教形式对人们的社会文化生活和精神世界产生了重要影响。而佛教从西汉时期开始传入中国，经过漫长的“本土化”过程，到隋唐时期基本形成与儒、道相鼎立的格局。宋孝宗赵昚试图以“道”来统辖“儒释道”，提出“以佛修心，以道养生，以儒治世”的思想，对“儒释道”融合发展起了推波助澜的作用。从宋至元、明之后逐步形成了“三教合一”的学说。“儒释道”三大思想文化体系对古代人们的物质文化生活的影响都是具有整体性的，他们既相互制约又融合互补，共同塑造了中国古代人们的物质和精神世界。同样，“儒释道”对古代休闲生活的影响也是具有整体性的。虽然欠缺针对性的社会休闲思想，但在整个思想体系中蕴含着许多对人们的休闲观念、休闲心理及其休闲方式都有着深远影响的重要思想。作为中华文化有机组成部分的休闲文化始终是与中华传统文化主干相向而行的，并嵌于“儒释道”的思想文化体系之中，并以体现其思想观念的重要文化载体而存在，在人们的物质生活和精神世界塑造中发挥着重要的作用。

1. 儒家休闲思想

儒家作为中国古代占主导地位的思想文化和意识形态，主张“格物、致知、诚意、正心、修身、齐家、治国、平天下”，强调“孝悌忠信礼义廉耻”，注重社会伦理道德和社会秩序对人们物质文化生活领域的规范和引领作用。在儒家看来，人们的休闲文化生活不仅仅是个体行为，而且是具有明确价值导向的社会行为，必须受到社会伦理的规范和制约。因此，儒家的休闲思想以休闲生活的社会性为基本前提，强调人们的休闲生活需求与社会规范要求的统一性，既试图揭示社会秩序对休闲生活的制约关系，又试图对人们休闲生活赋予社会价值的意义。

人们休闲状况是社会经济、文化状况的直接反映，儒家的休闲社会价值观不单是针对个体而言的，更针对的是整个社会群体的社会责任感。在《孟子·梁惠王章句下》中，孟子把君主的游乐与国家兴亡直接联系在一起，认为“乐民之乐者，民亦乐其乐；忧民之忧者，民亦忧其忧。乐以天下，忧以天下，然而不王者，未之有也。”同时，孟子借从前齐景公想出行游览，问晏子怎样做才能够和古代圣贤君王的巡游相比的故事，说明古代圣贤君王巡狩都是巡视各诸侯所守疆土，与其职责有关系，“春省耕而补不足，秋省敛而助不给”。而现在可不是这样了，国君一旦出游就兴师动众，劳民伤财。因此，“先王无流连之乐，荒亡之行。惟君所行也”。由此可见，儒家的休闲思想与人们的社会责任是紧密联系的，强调的是人们休闲活动与社会对人们的行为规范要求的统一性和一致性。从某种意义上来讲，儒家的社会休闲观是一种强调伦理程序的社会和谐观，是一种在遵从社会秩序、符合社会道德规范、承担社会责任基础上的休闲价值与社会价值的相统一的社会休闲观，是一种强调社会和谐的休闲观。

2. 道家休闲思想

道家的社会休闲思想更加强调人们心灵世界的自然感悟，反对世俗社会对休闲取向的道德绑架，并在某种程度上赋予休闲以自然审美的意义。以老庄为代表的道家学说从人与自然的关系的高度，提出了道法自然、无为而治的思想，强调社会生活的自然感悟和精神追求，对中国古代休闲意识形成与发展产生了重要影响。无为作为老庄学说中处理人与自然、人与社会的核心思想，同时也是自然休闲观的核心思想。在道家看来，《齐物论》中“天地与我同生，而万物与我为一”，人与自然是互为一体的，人们一切行为归根到底在于顺其自然，与自然万物互为对象化过程。道家以自然为宗、主张无为而治、返归本真的休闲理念，实质上是要求人们不受功利所干扰，不为虚名所牵累、不被华丽修饰所迷惑，以天然禀性对待客观事物，以淡然无极的自然心态对待社会生活，在感悟事物本身的自然之美中感悟休闲的快乐。

以老庄为代表的自然休闲观把人们的社会休闲放在人与自然关系的高度去把握，不仅认为人们休闲过程是顺其自然的过程，而且还赋予社会休闲活动以自然审美的意义。庄子认为，“天地有大美而不言”，天地之大“美”就是体现事物本性的自然之美。天地万物的自然本性是“大美”，而把握天地之“大美”的关键在于“法天贵真”，在于合乎自然之道，在于合乎事物本性。“虚无恬淡，乃合天德”，以“恬然无为”的态度去对待客观事物，以心无旁骛的真性情去适应事物本身的发展变化，在因循自然、遣形忘情中体会到真正的自然之美和生活之美。在庄子看来，那种“汝游心于淡，合气于漠，顺物自然而无容私”的生活心态，那种“山林与，皋壤与，使我欣欣然而乐与”的休闲境遇，才是最自然的，也是最美丽的。而那种舍弃自然天性的人为修饰雕琢，那种逐人情之矫伪的生活态度，违反了事物本性，因此是对美的亵渎。

3. 佛家休闲思想

佛教从西汉传入中国以来，经过漫长的“本土化”过程，到唐代形成了具有鲜明民族特色的中国化的佛教“禅宗”。禅宗以觉悟众生本来就有的佛性为目的，主张“万法归于一心”“传佛心印”“明心见性，见性成佛”。在禅宗看来，我心即佛，佛即我心，世上万事万物无非是我心的幻化。“身是菩提树，心如明镜台。明镜本清净，何处染尘埃”六祖惠能在一“偈”语表明了他的“菩提只向心觅，何劳向外求玄”思想。“诸法因缘生，诸法因缘灭”，我们看到的一切皆由因缘所生，都不是事物的本性，所以是“空”。只有“心无挂碍”才能“无有恐怖，远离颠倒梦想，究竟涅槃。”人的烦恼都是由于执着引起的，只有去除执着，才能消除烦恼。修行的目的就是修心，让心灵不为世俗欲望和事务所牵绊，保持一份平常心、清净心、善良心、慈悲心。

佛家的明心见性的思想，强调是要“梵我合一”，《六祖坛经》中“以心传心，皆今自解自悟”，从而断除由“眼、耳、鼻、舌、身、意”所引起的欲念，保持六根清净，用佛心去陶冶精神世界。以超然的态度对待一切事物，从世俗的执着和烦恼中解脱出来，才能参透人生，保持心灵的自由和宁静，进入心明清空、无烦无恼的境界，从而获得心身愉悦。这里应该指出的是，佛教并不是弃置生活上的情趣，而是寻求一种心理的和谐与寂静，这一思想对人们休闲生活产生了极大影响。比如，品茶有茶禅一味，抚琴有禅韵，绘画有禅意，在古代诗词歌赋有许多描写“曲径通幽处，禅房花木深”那种清净超俗的情调等等，这些都在一定程度上体现了佛家思想对人们休闲生活的渗透。

“儒释道”虽然对休闲认知和态度存在着不同，在休闲思想观念上存在差异，但都把社会休闲生活作为人生不可或缺的一部分，都从不同的方面、以不同的方式对中国古代休闲文化的形成和发展产生着深刻影响。无论是对整个社会的休闲价值判断，还是涉及人们休闲方式的选择，这些影响都是带有全局性的。从总体上来看，中国古代休闲文化的形成发展是在这些不同休闲思想既相互碰撞、又相互融合中共同起作用的结果。至于社会休闲的具体内容和具体形式，可能有些方面受儒家影响大一些，有些方面受道家、佛家影响大一些，但把传统休闲文化作为一个有机整体来看，不能简单地把它归结为属于哪一种思想流派，而应把传统休闲文化放在中华文明的大背景中、放在整个中华文化历史发展进程中去把握，从而能够实质性地把握传统休闲文化与中华文化和中华文明发展趋势的一致性和统一性，真正把握传统休闲文化所蕴含的思想内涵和人文精神。

二　传统休闲文化的教化功能

传统休闲文化赋予了休闲以人生体验和人格表达的意义，从而使人们休闲生活嵌入社会人文环境之中，并具有承载社会道德伦理秩序和记忆传承文明的属性。因此，休闲活动的正当性理所当然地要取决于休闲活动的合道德性，人伦教化和人文养成也自然而然地成为社会休闲生活内在的必然要求。“修身养性”作为传统休闲文化的直接指向，不仅是个体的身心调节，还有着更加广泛的陶冶情操、澡雪精神的意义。休闲活动既是调节身心的自我养生的过程，又是一个“澡身而浴德”的自我完善的过程，在身心愉快的同时提升精神境界，成为中国古代人们休闲生活的合目的性、合规律性的价值追求。

传统休闲文化这种合目的性、合规律性的价值追求，集中体现在对休闲主体与休闲客体之间关系的独特认知上。在传统休闲文化中，作为休闲主体的人与作为休闲客体的客观事物之间是一个互相渗透、相互贯通的共同体，人们所追求的休闲品味与休闲对象所具有的自然特质及文化内涵之间存在着对应互动关系，客观事物作为人的精神品质的体现和象征被纳入社会休闲价值体系之中。这种对休闲主体与客体之间关系的独特认知，实质是试图在休闲主客体之间搭建一个对应互动的文化平台，使休闲主体与客体在道德文化层面上统一起来，使休闲价值取向与社会价值取向统一起来，赋予休闲生活以道德教化与人文修养的功能，从而达到人们追求闲逸雅致生活与提升精神境界相统一的目的。

一方面，人们休闲的审美情调与休闲对象的自然特质之间的对应互动关系，体现着自然之美与生活之美相统一的价值追求。天人合一、顺其自然是中国传统文化中的重要思想，自然既是万事万物的存在状况，又是“道”的“自然而然”的变化规律。在传统休闲文化中，自然事物是人们作为主要休闲对象而存在的，按照事物本来的面貌，“达自然之性，畅万物之情”“游心于淡，合气于漠，顺物自然而无容私”，反对矫揉造作和虚荣奢侈，以真性情对待生活，这种顺其自然的休闲观念与休闲实践，孕育了独特的以自然美为核心的休闲审美情调。自然事物作为人的精神品质的“物化”被纳入人们审美范畴之中，通过自然之美来表达人们的精神追求是中国古代休闲审美的重要特征。人们或游历于名山大川之间，或隐逸于山水田园之中，以借景抒情、以物抒怀，用对自然事物的感悟来表达人们的社会生活思想，用自然事物的千姿百态来描述人们的精神世界，从而在人的思想感情与客观事物的自然天性之间构成了相互渗透与相互转化的对应关系。“智者乐水，仁者乐山”，虽然选择的休闲对象不同，但都体现着人的品性与自然天性之间相统一，具有殊途同归的意义。水能滋润万物、川流不息而与“智者不惑”“智者动”相贯通；山能承载万物、岿然不动而与“仁者不忧”“仁者静”相一致，因此被纳入了人们休闲生活价值追求之中。

传统休闲文化中这种人们的思想感情与客观事物的自然天性之间对应互动的认知，把人的情感“物化”于自然之中，赋予自然事物以拟人的特质，使无生命的东西充满着生命的情思。因此，休闲生活不再仅仅只是单纯地对自然体验，而且具有了表达思想感情的价值，用原本属于修辞自然事物某些特征的东西来形容作为休闲主体的人，用原本只有人才具有的品质形容作为休闲客体的自然事物，由此把人与物融入同一的参照系之中。中国古代人们这种描述休闲生活普遍存在的现象，恰恰展示出古代人们独特的自然审美与情感表达相统一的休闲价值，成为东方文化中休闲文化的独特价值符号。

另一方面，人们的休闲品位与休闲客体的文化内涵之间的对应互动关系，体现着人文修养与文化传承相统一的价值追求。古代社会中的琴棋书画、诗歌文赋等既是作为重要的文化载体而存在，也是作为重要的休闲活动载体而存在，历来被视为人们修身养性的首要选择，其重要原因在于其中蕴含着丰富的思想文化内涵。“诗以言志”，游历山河赋诗言志，友朋相聚吟歌抒情，以此来表达其生活感悟和内心情感，成为历代文人雅士怡情养性的重要形式。“君子以钟鼓道志，以琴瑟乐心。”①《论语》中许多关于孔子与其弟子操琴弦歌的描述，在于表达其“立于礼，成于乐”的情怀。“众器之中，琴德最优”，其“性洁净以端理，含至德之和平。诚可以感荡心志，而发泄幽情矣！”非心胸宽广之人，

① 《孔子孟子荀子乐论》，吉联抗译注，人民音乐出版社1959年版，第28—31页。

不能与之一起嬉游；非深沉安详之人，不能与之娴雅相处；非豁达开朗之人，不能与之一样无私无欲。[①] 古代休闲生活丰富多彩，无论是琴棋书画、诗歌文赋等休闲载体，还是品茶、斗酒、投壶、骑射、垂钓、游历等休闲娱乐活动，都蕴含着丰富的文化内涵，千百年来一直在人们寄情抒怀、明志托思、修身悟道中发挥着重要作用。

休闲主客体在传统休闲文化中文化层面的对应互动，不仅使休闲活动具有鲜明的文化品位，同时又赋予了休闲活动以承载和传承文明的价值，像传统休闲活动“赛龙舟”承载着人们对古代伟大诗人屈原的思念，每年都会在端午节期间举行，许多大型民间娱乐活动都有着源远流长的历史传说和文化记忆。国家先后公布的四批国家级非物质文化遗产名录，其中相当一部分作为世代相承的传统文化表现形式纳入人们休闲生活的范畴。特别是传统音乐、传统舞蹈、传统曲艺、传统体育、传统技艺以及民俗项目，在中国古代大多是作为娱乐载体和娱乐方式而存在的，即便有些项目以传统行业形式出现并具有职业属性，但也都是作为表演艺术依托人们休闲娱乐而生存和发展的，因此仍然可以纳入社会休闲文化的范畴。这些民俗项目体现了先辈们在劳动和生活中产生的对客观事物的认知态度和情感表达，蕴含着中华民族特有的思想理念和价值追求，成为反映中华文明传承发展过程中的活态文化。中华文化发展史进程中，人们的社会休闲活动不仅承担文化传承的媒介角色，还丰富和发展着文化，推动着社会文明的进步。大量的诗词歌赋等文学作品、琴棋书画等艺术作品是在人们休闲体验的过程中创造出来。可以说，琴棋书画、诗词歌赋等这些休闲载体所蕴含的思想文化，既是人们选择休闲方式的重要依据，又是休闲活动的产物。这种休闲主体与休闲客体之间具有的创造性互动关系，从一个侧面反映出了休闲生活对推动文化发展和文明进步的意义。

无论是与休闲对象的自然特质之间的对应互动，还是与休闲对象的文化内涵之间的对应互动，这种休闲主客体之间互为对象化的目的，在于试图追求一种理想化的社会人格与休闲人格的统一性。这种理想化的人格追求突出表现在“君子比德”上。君子在传统文化中具有理想人

① 章培恒等编：《嵇康诗文选译》，武秀成译，凤凰出版社2011年版，第42—62页。

格的意义。“君子比德”在于把客观事物与人的道德属性相联系，使人格品质对象化，赋予客观事物以特殊的人格化的特质，借为象征和张扬人的品格情操，从而使抽象道德转化成为具体形象。因此，自然之美就升华为人格之美，人们对理想人格的追求衍化为对特定事物的赞赏，人们陶醉于自然、欣赏自然之美的过程也就成为陶冶精神的过程。“君子比德于玉焉：温润而泽，仁也；缜密以栗，知也；廉而不刿，义也；垂之如队，礼也；叩之其声清越以长，其终诎然，乐也；瑕不掩瑜、瑜不掩瑕，忠也；孚尹旁达，信也”。[①] 在这里，玉被赋予了仁义礼智信等品德，成为君子的象征。在传统文化中，琴棋书画被视君子之道，梅兰菊竹有“四君子”之说。这种赋予自然事物以人格象征意义的“君子比德”，在于通过人们道德情感的外化过程，把对自然事物的体验上升到人格修养的高度，引导人们在对自然的感悟中获得人生感悟。

休闲主体与休闲客体之间的对应互动关系，归根到底是落实到提升人们的人文素质和精神境界上。休闲过程是休闲主体与客体在精神文化层面上的互动过程，人们通过寻求适合自己心性的休闲活动，在获得身心调节的同时使人们的精神境界得到升华。因此，中国优秀传统休闲文化所展现的休闲生活，实质上是一种精神文化生活，所体现的休闲人生是追求自我修养和自我完善的人生。

三　传统休闲文化的合理内核和价值取向

中国传统休闲文化作为人生体验的重要方式、修身养性的重要载体、传承文明的重要途径，在丰富人们的精神文化生活、陶冶民族性情和促进社会进步中发挥了重要作用。但传统休闲文化形成发展于农耕时代，有其难以避免的时代局限性，同时又深受封建意识的影响带有许多糟粕的东西，需要我们采取扬弃的态度，透过现象看本质，深入挖掘传统休闲文化中的合理内核，以适应时代的要求，发挥优秀传统休闲文化在构建现代休闲文化中的“底色”作用。

1. 休闲生活审美取向：强调顺其自然、返璞归真

天人合一、顺其自然是中国传统文化中的重要思想。在中国传统文

---

① 陈澔注：《礼记·聘义》，金晓东校点，上海古籍出版社2016年版，第699—700页。

化中，“自然”有两重基本含义，一是指自然界万事万物，二是指一种非人为的天然境遇和“自然而然”的存在状态。老子《道德经》认为：“有物混成，先天地生。寂兮寥兮，独立而不改，周行而不殆，可以为天地母。吾不知其名，字之曰道，强为之名曰大。大曰逝，逝曰远，远曰反。故道大，天大，地大，人亦大。域中有四大，而人居其一焉。人法地，地法天，天法道，道法自然。”老子将天、地、人作为有机整体，认为人遵循“地”的规律特性，地服从于“天”的运行规则，“天”则受“道”支配，而道法自然。这里的“自然”就是任其自然的自然而然，就是“道”的一种不为外力及人为干涉的存在状态。在传统文化中，“自然”与“道”是互相统一的，自然既是万事万物的存在状况，又是万事万物中“道”的“自然而然”的变化规律。人只是天地万物中的一个部分，天地万物按一定的规律运动，天人合一、顺其自然也就成为合乎天道的必然要求，反映到人们的社会生活中就是强调“万物以自然为性”，人们的行为要顺应事物的本性，遵循万物生长变化的规律。表现在休闲领域，就是“任万物之自然使天性各足”，剔除强加在事物之上的奢华，按照事物本来的面貌，“达自然之性，畅万物之情”，以自然而然的心态去追求自然之美。以顺其自然、返璞归真的态度，追求天然质朴，反对矫伪造作和虚荣奢侈，以真性情对待生活，是中国古代休闲文化所提倡的一种休闲态度，也是中国传统休闲文化中一种重要的审美追求。

在中国古代休闲文化中，自然事物是作为人们主要休闲对象而存在的，休闲活动主体与客体关系突出表现为人与自然的关系。或者游历于名山大川之间，或者隐逸于山水田园之中，都把大自然作为自觉休闲对象，这既是琴棋书画这一类休闲活动的载体，也是自然事物主要内涵的表达指向。这种顺其自然、返璞归真的休闲观念与休闲实践，孕育了独特的以自然为美的核心休闲审美情调和审美价值。在中国古代审美意识中，人们追求的精神品质与自然之美是一个互相贯通的共同体，自然事物作为人的精神品质的体现和象征被纳入人们审美体系。通过自然之美表现人们的精神追求是中国古代审美的重要特征，追求自然之美成为人们休闲生活的重要审美追求。风声、鸟声、流水声等自然声音皆为“天籁之音”，这种把情感物化于自然之中，借景抒情、以物抒怀，在人们通过艺术体验而实现的休闲活动中得到了充分体现。琴棋书画这些寄情寓兴的休闲方式，我们可以从中感受到中国传统休闲文化独有的自然审美价值取向。自然事物是琴棋书画等休闲活动最直接的目标指向，体现了中国古代人们以崇尚自然为特点的休闲审美倾向，琴棋书画、诗词歌赋等作为休闲载体成为架构休闲活动主体与大自然这一休闲客体相沟通的桥梁，同时也成为表达人们休闲过程中对自然之美感悟和认知的重要形式。

中国古代这种顺其自然的休闲价值取向和休闲审美情趣，不仅表现在休闲内容与休闲形式的选择上，也表现在人们休闲过程的心态上。这就是以自然率真、虚静平和、简约淡泊、清心淡雅、悠然飘逸的心态，“见素抱朴，少私寡欲《道德经》”，不为物欲所诱惑，不为私心杂念所困扰，始终保持一颗平常心对待生活，以获得“一种自然而然、妙道天成的放松和舒适”。[①] 正如林语堂所认为的：“中国人具有特殊爱好自然的性情，赋予诗以继续不断的生命。这种情绪充溢于心灵而流露于文学。它教导中国人爱悦花鸟，此种情绪比其他民族的一般民众都来得普遍流行”。[②] 面对当今出现的功利主义抬头、社会浮躁的现象，传统文化中的这种“顺其自然、返璞归真”的休闲情调和休闲审美追求对于构建现代休闲文化仍然具有启示意义。

2. 休闲生活价值追求：强调澡身浴德、陶冶情操

在传统优秀文化中，休闲过程既是一个“顺其自然、返璞归真”的过程，又是一个“澡身而浴德”的心灵感悟和精神升华的过程。休闲活动被赋予提升素质、张扬品格、教化人伦的功能，在身心愉悦的同时提升精神境界成为休闲生活的重要价值追求。中国人素有“琴棋书画养心，梅兰竹菊寄情”的情结，这种情结源自于自古以来形成的人们对追求闲逸雅致生活与提升精神境界之间关系的认知。孔子认为，人的修养“兴于诗，立于礼，成于乐”，孔子在齐国听到《韶》乐时，惊叹其“尽美矣，尽善矣”，孔子把“美”与“善”放在同一参照系中

① 吴小龙：《试论中国隐逸传统对现代休闲文化的启示》，《浙江社会科学》2005 年第 6 期。

② 林语堂：《人生的盛宴 · 文学生活》，湖南文艺出版社 1988 年版，第 235 —236 页。

进行考察，认为美同善相比，善是更根本的。美虽然能给人以感官的愉快，但必须具有善的内涵，符合“仁”的要求，实现“尽美”与“尽善”的统一，才真正具有社会价值。这一思想体现在社会休闲领域，就是强调休闲活动首先应该是能够体现“尽美”“尽善”的，才能满足人们对“尽美”“尽善”的追求；而人们对“尽美”“尽善”的追求，也必然要求休闲活动本身是“尽美”“尽善”的。

一个人的品行决定着一个人选择的休闲生活品位，而一个人休闲生活品位又会反作用于一个人的品行。在古代休闲生活价值追求上，非常重视人们品格与休闲品位之间的统一性。“智者乐水，仁者乐山”，虽然选择的休闲对象、路径和方式不同，但都体现着人的品性与自然天性之间相统一，体现着人们品格与休闲品位之间相统一，因此具有殊途同归的意义。在休闲活动中，作为休闲主体的人所追求的精神品质与作为休闲客体的自然事物具有特性是一个互相渗透、相互贯通的共同体，自然事物作为人的精神品质的体现和象征被纳入人们休闲价值体系之中。“智者乐水”正是因为水能滋润万物、川流不息而与“智者不惑”“智者动”相贯通，“仁者乐山”正是因为山能承载万物、岿然不动而与“仁者不忧”“仁者静”相一致，从而纳入休闲生活价值追求之中，使休闲生活表现出的顺其自然的过程成为人们陶冶情操、澡雪精神的过程。

休闲过程的顺其自然赋予了休闲活动以自然审美的意义，那么，重视休闲过程的心灵感悟和精神升华又赋予了休闲活动客体人格化的意义。按照传统文化中“天人合一”的思想，作为休闲主体的人与作为休闲客体的自然事物之间是相互融合、互相渗透的，人们把自己的主观感情移到作为休闲客体的具体事物之上，并赋予其人格特征，并使之拟人化，以此又被用来渲染和衬托主观情绪，使人与物融为一体。这种主客体之间互相移情的现象就是中国传统思想文化所说的“物化”。

中国优秀传统休闲文化中，注重内心体验和道德修养，成为人们选择休闲内容与手段、选择休闲方式与路径的重要价值，特别是在古代文人那里，休闲过程中总是把追求精神生活放在重要位置，追求身与心的统一。既是那些远离摆脱世俗社会而寻求隐居的人，也是试图通过恬然自适的闲隐生活表达其清高的志向，以求在经历社会炎凉之后而获得精神上的宁静。这种以淡泊乐观、重德守节为特征的休闲人格，成为历代许多仁人志士追求的人格。可以说，在传统休闲文化中，人们休闲过程也是心性修养的过程。在这一过程中，人们通过寻求适合自己心性的休闲活动，在获得身心调节的同时提升自己的精神境界。从这一意义上说，中国优秀传统休闲文化所展现的休闲生活实质上是一种精神生活，这恰恰是我们今天仍然需要发扬光大的。

3. 休闲生活人格养成：强调慎独自律，贵和尚中

任何社会提倡和塑造的精神都是与这一社会的道德伦理程序相适应的。传统休闲文化不仅重视休闲过程的心灵感悟和精神升华，而且还非常重视社会道德和伦理秩序对休闲活动的规范和引领。在古代社会，人们的生活包括休闲生活都被嵌入社会伦理程序之中，都需要符合社会公德和社会秩序的要求，具有明显的社会属性，但人们休闲生活与其他社会生活有所不同，它是人们在闲暇时间进行的活动，相对来讲有着社会公共视野之外的“个人行为选择”的特点，如何使这种个人行为的选择与社会秩序的要求相适应，传统休闲文化给出的答案就是通过自身的道德自觉来实现休闲活动与社会秩序的和谐。

在中国传统文化中，慎独和自律是衡量一个人道德水准的重要尺度，也是一种重要的道德修养方法。在闲居独处无人监督之时，凭着高度的自觉坚守信念，不做违背社会道德的事情，这是中国古代人们心目中君子风范。《论语》中有一段颜渊与孔子关于“仁”的对话，反映了社会道德与慎独自律的关系。颜渊请教什么是“仁”，孔子说：“克己复礼为仁。一日克己复礼，天下归仁焉，”具体来说就是“非礼勿视，非礼勿听，非礼勿言，非礼勿动”。按照朱熹的解释，“克己复礼”就是克服和战胜自己的私欲而复归于天理。王阳明也认为，“去山中贼易，去心中贼难”，克己就是要灭此心中之贼。孔子在这里强调必须约束自己，使自己的行为符合“礼”的要求，才能达到“仁”的完美道德境界。值得注意的是，孔子在这里强调的“非礼勿视、非礼勿听、非礼勿言、非礼勿动”，要求人们按照社会道德礼仪规范的要求，时刻提醒自己加强自我约束，任何情况下都不要去违背社会道德礼仪规范的事情。这一“克己复礼”的过程，实质上就是要求人们慎独自律的过程。

在《礼记·大学》中，一个人在闲处时能否保持慎独和自律被直接作为衡量其人品高低的重要标准。即“所谓诚其意者，毋自欺也。如恶恶臭，好好色，此之谓自谦，故君子必慎其独也。小人闲居为不善，无所不至；见君子而后厌然，掩其不善，而著其善。人之视己，如见其肺肝然则何益矣。此谓诚于中，形于外，故君子必慎其独也。”意为在任何时候做任何事情都不要自欺欺人。那些没有道德修养的人在闲居独处时做了不良的行为，当看到有道德的人会遮掩躲藏起来，表面上装作若无其事的样子，其实别人就像看到你的五脏六腑那样透彻，装模作样是没有用的。所以有道德的人即使在一个人独处的时候也一定要谨慎。由此可见，在中国古代社会，慎独是一个人所表现出的具有高尚品质的人格特征，在无人监视的情况下，能够克制的思想与行动，自重自爱，是中国古代社会人们所期待和追求的高尚的人格境界。慎独是表现在人们独处时发自内心的自律行为，而休闲又是人们主要的独处时间，传统文化中强调的慎独与自律，表现在休闲社会中就是要求人们自觉运用社会伦理秩序规范休闲生活，用社会道德规范约束自己的休闲行为。在中国古代社会，休闲生活主要体现在家居社会，社会道德伦理秩序贯穿于家居生活休闲过程，是中国古代家居生活的一个显著特点。儒家强调“非礼勿视、非礼勿听、非礼勿言、非礼勿动”，体现着中国古代社会的基本伦理道德要求，同时也是古代社会包括休闲在内的家居生活的重要原则。古代社会一些“家训”中都有着许多对闲暇时间与休闲生活的规范要求，从侧面体现着中国古代休闲生活中具有的自律意识。

传统文化中的慎独与自律，强调的是个人品行操守，而反映到社会休闲领域就是在自重自爱中追求一种与社会道德伦理秩序相适应的闲暇生活。这种闲暇生活状况的实质是一种守住内心的“中正”、按照自己志趣选择的与自然、社会、人际和身心和谐相处的生活状态。“中庸”“和合”是在中华民族历史发展过程中形成的一种独特的思想观念，深刻影响着人们的价值观念、思维定式和生存方式，在规范包括休闲在内的社会生活中产生着极其重要的作用。行中道、致和合的思想对中国古代社会的影响是广泛而深刻的，随之成为人们的一种心理认知倾向和思维方式。体现在社会休闲生活中，既是一种力求中正平和的休闲态度，又是一种喜乐有度的生活方式。休闲娱乐活动应符合社会伦理秩序的要求，不能因为是个人的事情而失去对社会公德的敬畏之心，这与陶冶情操、澡雪精神的休闲生活价值追求是一致的。西汉史学家司马迁在《史记滑稽列传》中有一段淳于髡与齐威王关于喝酒的对话，描述了淳于髡用“酒极则乱，乐极则悲，万事尽然”婉转地劝说齐威王“罢长夜之饮”。这种无论什么事情不可走向极端，到了极端就会出现衰败的思想，体现着传统休闲文化中“执中致和”的要求。从传统休闲文化看来，休闲娱乐活动体现着一个人的人格，合乎法度、有节制的雅致和谐的休闲娱乐才真正是君子具有的生活，人们的休闲娱乐情绪表达得恰到好处，既符合身份，又不违背情理、适时适度，这样就达到了身心自然和谐的境界。

4. 休闲生活实践路径：强调知行合一，教化于乐

在传统休闲文化中，社会休闲生活有着人伦教化的属性和功能，人们的休闲过程是一个陶冶情操、澡雪精神的过程，而“慎独自律、执中致和”作为这一过程中自我修养的人格要求和理想境界，又是通过知行合一、教化于乐得以实现的。慎独自律是“知行合一”的内在要求，教化于乐又是执中致和的实践路径。传统文化中的知行合一，归根到底是人们的道德修养与道德实践的统一，体现在社会休闲领域就是强调人们休闲道德意识与道德实践的关系，人们的休闲选择取决于人们的道德修养，人们的道德实践又寓于休闲生活之中，人们的休闲认知与休闲行为是表里如一的，休闲认知就是道德认知，休闲行为就是道德行为。人们面临的社会环境错综复杂，可供选择的休闲内容与方式也良莠不齐，如何才能做出选择，这就需要凭良知。

传统社会休闲具有的人文教化功能同样体现着知与行的统一。知离不开行，行也离不开知，知必然要表现为行，否则就不能算是真知。在知的层面上，注重自我精神的内修，提高人们的自我素质的自主意识和健康休闲生活选择的自觉性；在行的层面上，强调一切活动都是人们内在精神的外化，提倡表里一致的休闲生活。这一过程就是社会休闲过程中人文教化上的寓教于乐的过程。琴棋书画等之所以被人们视为风雅之事，成为男女老少喜爱的休闲项目，相当程度上看重的是其中赋予的寓教于乐功能。虽然古代人们对知与行的认知受所处时代的影响有其历史局限性，其休闲活动的寓教于乐的“教”的内容也带有封建伦理的色

彩，但都认为知与行是不能分离的，强调把社会良知与社会道德寓于休闲生活之中，注重休闲活动在人文教化中潜移默化作用，对于当代人的休闲生活仍然具有重要的借鉴意义。

四　优秀传统休闲文化对休闲教育的正向建构

优秀传统休闲文化的当代价值体现在现代休闲教育上，取决于能否适应现代休闲教育发展的要求、解决休闲教育面临的现实问题。在传统休闲文化中，休闲教育功能主要是通过人们在休闲活动中潜移默化地自我实现的，人们在休闲生活实践中逐步形成了具有鲜明特色的休闲审美情趣、休闲价值取向和休闲体验方式，其中蕴含着许多有价值的思想观念，对当代仍然具有重要的借鉴价值。尤其是优秀传统休闲文化中体现的注重人格培养、崇尚和谐休闲、强调人文教化、重视传承文化等方面，对推进现代休闲教育有着重要的启示意义。

马克思、恩格斯在《德意志意识形态》中指出："历史不外是各个时代的依次交替。每一代人都利用以前各代遗留下来的材料、资金和生产力；由于这个缘故，每一代人一方面在完全改变了的条件下继续从事先辈的活动，另一方面又通过完全改变了的活动来改变旧的条件。"任何文化的发展都是在传承基础上不断创新的结果，优秀休闲文化作为中华传统文化的重要组成部分，是发展现代休闲文化的重要基因和底色，虽然它产生和形成于特定历史时代、有其时代的局限性，但其中顺自然、讲志趣、重教化、尚和合的基本休闲理念和价值取向，仍然具有重要的现实意义。我们要坚持马克思主义的立场观点和方法，采取辩证扬弃的态度，去其糟粕、取其精华，适应时代要求实现创造性转化和创新性发展。

每个时代具有各自的时代主题，也都存在着当下时代需要解决的新问题。优秀传统休闲文化的当代价值，归根到底就在于能否适应时代要求、解决时代发展面临的现实问题。继承和弘扬优秀传统休闲文化，不能简单地局限于对古代休闲认知和休闲方式进行"文本"式解释，必须深入挖掘传统休闲文化中对现代休闲文化建设有现实意义的思想观念，并结合社会发展赋予其新的时代意义。任何文化都有其内在本质属性和外在表现形式，传统休闲文化也不例外。传统休闲文化中重视人生体验、强调顺其自然、注重修心养性、崇尚执中致和、力求教化于乐等思想观念都是古代人们在休闲生活过程中不断形成的，其具体内容及表现形式不可避免地打上了农耕社会和封建时期的烙印，如果不加分析地照抄照搬，就难免陷入泥古不化的思想误区。只有把握其精神实质并适应时代要求转化创新，使之具有时代内涵，才能与当代社会发展相得益彰，更好地发挥其在推进现代休闲文化建设中的作用。

1. 重视休闲教育之于人格养成的意义

从优秀传统休闲文化视角审视，人们的社会休闲生活与一个人的人格修养有着密切联系。一方面，休闲是人格的表达形式，人们的休闲活动体现着一个人的人格和品行。另一方面，社会休闲是人格修养的重要途径，人们通过休闲生活获得心身愉悦的同时也获得人格修养，潜移默化地提升着人们的品行。传统休闲文化体现出的教化功能，本质上强调的是休闲生活对人格与品行的养成。孔子提出“游于艺”，看重的是“六艺”中蕴含的实现“志于道，据于德，依于仁”的意义，体现着个人内在的道德与外在的休闲行为的统一。正如李泽厚认为的：“‘游于艺’既是前三者的补足，又是前三者的完成。仅有前三者，基本还是内向的、静态的、未实现的人格，有了最后一项，便成为实现了的、物态化了的、现实的人格了。”从志于道、据于德、依于仁到游于艺，“标志着一个由于掌握了规律而获得自由从而具有实践力量的人格的完成”，而游于艺是人的自由的现实实现，“完成了‘志道’‘据德’‘依仁’的人的全面发展和人格历程。这才是要点所在。”① “饭疏食饮水，曲肱而枕之，乐亦在其中矣。不义而富且贵，于我如浮云”。(《论语·述而》) 孔子在称赞颜回时说：“子曰：“贤哉，回也！一箪食，一瓢饮，在陋巷。人不堪其忧，回也不改其乐。贤哉，回也！”(《论语·雍也》)，这些思想同样表达着一种安贫乐道的人生态度。孟子的“富贵不能淫，威武不能屈，贫贱不能移”，也是试图用人格的力量来规范人们的生活态度和生活方式。中国古代一些书院等教育机构开设一些琴棋书画等课程，不仅仅为了传授一些闲暇娱乐的技能，同样看重的也是这些休闲生活载体在促进人格与品行养成中的作用。在传统休闲文化中，

---

① 李泽厚：《美的历程》，安徽文艺出版社 1994 年版，第 254—255 页。

虽然儒道佛对人生态度的认知不同，甚至存在截然不同的观点，但都把休闲作为人生体验的重要途径，都重视在人生体验中蕴含的人格力量和人格价值。传统文化中的休闲活动远超出了一般意义上的身心放松与愉悦，它作为一种生活方式表达着人们追求健康人格的意义。虽然我们今天对人格和品行的要求与古代社会对人格和品行的要求，在具体内容上会存在着一定的差异，但从根本上来说都是追求一种与所处时代和社会环境相适应的人格与品行，优秀休闲文化中重视人格养成的思想在今天仍然有着现实意义。

在市场经济条件下，社会休闲生活呈现出多元化的发展态势，以市场为导向的休闲业态为丰富人们的休闲活动通过更多的选择空间来实现，但同时市场经济的趋利行为又使目前休闲文化市场出现了良莠不齐的现象。休闲产品中片面追求感官刺激的问题比较突出，社会休闲生活中存在着“泛娱乐化”的现象。特别是人工智能技术运用到休闲领域，在丰富人们休闲生活的同时也出现了一些不容忽视的问题，一些不健康的人工智能娱乐产品和网络游戏泛滥，对人们特别是对青少年身心产生着不良影响。一些青少年沉迷于这些不健康的休闲活动中，甚至出现人生观和价值观发生错位、人格发生扭曲的现象。低俗、恶搞、自恋型的娱乐节目随意发布和迅速传播，使社会休闲领域出现了一种缺乏自律、无底线、非理性的泛娱乐化倾向，一些网络娱乐平台和自媒体为了追求商业利益不遗余力地鼓吹炒作，又对这种“泛娱乐化”倾向起着推波助澜的作用。社会休闲领域的“泛娱乐化”现象，正在使一些人成为追求感官刺激的附庸，直接导致了一些人休闲价值导向的错乱、休闲人格的沦丧和社会休闲道德的下滑。这一“泛娱乐化”现象的泛滥，在一定程度上反映了当前休闲教育的严重缺位。强调休闲活动的人伦教化功能，注重休闲过程的人格养成，正是优秀传统休闲文化的当代价值，也恰恰可以弥补当前休闲教育的缺位，有助于矫治当前社会休闲领域存在的问题。

社会伦理秩序对休闲活动有着引导和规范的作用，休闲行为和方式的选择体现着人们内在的道德力量，优秀传统休闲文化视域下的休闲活动既是人伦教化和人格养成的载体，同时其本身也是人伦教化和人格养成的活动。现代休闲教育从优秀传统文化中汲取营养，就是要把休闲活动与品行养成作为有机统一体——一方面，切实加强现代休闲业态和休闲教育载体建设，进一步净化社会休闲环境，把社会主义核心价值观融入各种社会休闲载体之中，以规范和引领人们的休闲活动；另一方面，高度重视休闲价值观教育，把人格养成放在突出位置，涵养优秀的品行，培养人们健康向上的休闲情调，强化自律意识，自觉抵御不良休闲行为。

2. 重视休闲教育对促进社会和谐的意义

“和合”是中华优秀传统文化中的重要思想，也是传统休闲文化中的重要思想，体现着中国文化的基本精神。“天人合一”“道法自然”“礼之用、和为贵”“君子和而不同”等，这些思想是从不同的视野对中国传统文化中“和合”进行的诠释和解读，对中国古代人们休闲生活产生着重要影响。道家强调休闲活动的顺其自然，体现着人与自然的和谐；儒家注重休闲活动的人文教化，体现着人与社会的和谐。尚中道、贵和合，既是古代社会人们的一种人生处世态度，又是一种人生追求的境界。重视自然、社会、人际及身心的和谐，始终贯穿于中国古代休闲生活之中。“采菊东篱下，悠悠见南山”“相看两不厌，只有敬亭山”“停车坐爱枫林晚，霜叶红于二月花”“肯与邻翁相对饮，隔篱呼取尽馀杯”“桑柘影斜春社散，家家扶得醉人归”，这些诗歌中对人们休闲生活的描绘，无不是人们追求一种人与自然、人与社会、人与人之间相和谐的休闲生活的真实写照。从生活实践的层面来讲，“休闲”的目标是满足人的生理、心理和精神需求，在寓教于乐中塑造和提升人的文化精神品格，促进人的多方面发展。休闲的存在，尤其对和谐“人与自然”“人与人”“人与人自身”的关系具有至关重要的作用。[①] 在体验人与自然、社会、人际和谐过程中追求身心和谐，在追求身心和谐过程中实现着人与自然、社会、人际和谐，反映着古代人们对美好休闲生活的向往，同样也承载着对美好休闲生活的追求，因此，树立和谐休闲理念，培养人们的和谐休闲意识是休闲教育的应有之意。

随着生产力发展和社会的进步，人们生活水平不断提高，用于休闲

---

① 马惠娣、刘耳：《社会转型：对中国传统休闲价值的回望》，《洛阳师范学院学报》2012 年第 1 期。

活动的时间越来越多，休闲方式越来越丰富，休闲日益成为人们不可或缺的生活方式。各种休闲产业、休闲机构等休闲业态迅猛发展并渗透到人们的社会休闲生活，对人们的休闲观念、休闲行为产生着重要影响。社会休闲领域的涉及面日益扩大，已成为社会生产和生活的重要领域，休闲生活不仅是人们如何打发闲暇时间的个人问题，而是已经成为不可忽视的日益重要的社会问题。

从目前休闲领域情况来看，无论在社会休闲业态，还是人们休闲活动中还存在一些与自然、社会不协调、不和谐的东西，休闲娱乐过程中与社会公德相抵触的问题、破坏生态环境的现象时有发生。从目前人们的身心健康方面存在的问题来看，也应把促进人们身心和谐作为一种人文关怀纳入现代休闲教育的视野之中。目前，我们正处在一个急剧变动的社会转型期，社会经济和利益格局结构正发生着全方位的调整和变革，社会生活节奏日趋加快，社会压力越来越大，必然会给部分社会成员带来一定的生存压力和不安全感，以致使他们产生了焦虑、抑郁等心理问题。这些心理问题会降低人们对生活的满意度，甚至产生和加重对社会的不满情绪，直接催生一些非理性行为，从而引发一些社会矛盾和问题。这些社会焦虑产生的原因是复杂的，有社会环境的原因，也有着个人方面的原因。但从休闲教育方面来看，休闲与心理关系问题理应引起足够的关注。健康和谐的休闲态度和休闲方式对人们的心理健康产生积极影响，而不良的休闲态度和休闲方式则会产生和加重人们的心理问题。那种与自然、社会隔离的自我孤僻的休闲状态，既是焦虑、抑郁等心理问题的产物，又是产生这些心理问题的原因。特别是一些人沉迷于虚幻网络空间之中，把网络当成自己的“精神寄托”，容易引发“互联网成瘾综合征”“网络孤独症”等心理障碍。网络虚幻世界是一个与现实不同的世界。在虚拟空间中，社会观念和社会角色发生改变，一些人把自己想象成虚拟空间中的人物，以致使自己常常处于虚幻世界与现实世界的心理冲突之中，有可能诱惑他们产生社会角色和人格分裂。有的人依赖网络交友平台进行人际交流，如果沉迷于其中而难以自控，难免会淡化与社会的交往，疏远家人和朋友，独立于社会关系之外，使性格变得越来越孤僻。相对来讲，青少年的自控能力和辨别能力不强，成为网络性心理障碍的多发群体。由此可见，无论是从构建社会主义和谐社会的高度，还是从促进人们身心健康的角度，都应该把和谐休闲纳入现代休闲教育体系，大力弘扬优秀传统休闲文化中蕴含的和合思想，努力打造人与自然和谐、人与社会和谐、人们身心和谐的社会休闲生活。

从生活实践的层面上来讲，“休闲”的目标是满足人的生理、心理和精神需求，在寓教于乐中塑造和提升人的文化精神品格，促进人的多方面发展。休闲的存在，尤其对和谐“人与自然”“人与人”“人与人自身”的关系具有至关重要的作用。

3. 重视休闲教育在推进文化自信上的意义

文化自信是人们对自身文化价值的充分肯定以及对其文化的生命力持有的坚定信心，“是一个国家、一个民族发展中更基本、更深沉、更持久的力量。”优秀传统文化是中华民族在长期发展历程中形成的宝贵精神财富，体现着中华民族的精神追求，是中华民族独有的精神特质和发展中国特色社会主义文化的重要基石。

增强文化自信，首先要增强对中华民族优秀文化的自信。这也是我们增强文化自信的底气之所在。习近平总书记指出，大力弘扬优秀传统文化，要讲清楚中华优秀传统文化的历史渊源、发展脉络、基本走向，讲清楚中华文化的独特创造、价值理念、鲜明特色，要努力用中华民族的一切精神财富以文化人、以文育人，增强文化自信和文化自觉。优秀传统休闲文化作为中华优秀传统文化的有机组成部分，是中华民族精神在社会休闲领域的体现，不仅蕴含和贯穿着中华优秀传统文化的核心价值和思想精髓，而且还从内容和形式上丰富着中华优秀传统文化，同样也是我们增强文化自信的源头活水。

同时，中华优秀传统休闲文化彰显的独特魅力，又是我们提升文化自信的重要资源。我们要把优秀传统休闲文化的精华寓于现代休闲文化建设之中，通过休闲教育把中华民族优秀传统休闲文化全面客观地展现出来，使之成为增强人们文化自信的重要途径。因此，需要从时代要求出发，准确把握和清晰判断当下的休闲文化现象，从优秀传统休闲文化中汲取智慧和营养，探索传统资源的当代表达方式，使休闲教育过程真正成为增强文化自信的过程。

传统休闲文化在传承文明中的作用是由其自身特性决定的。中国传统休闲文化具有愉悦身心、文化传承和人伦教化相互融为一体的特点。

休闲的基本功能是愉悦性，人们休闲的目的之一就是通过闲暇时间的愉悦使心身获得调节，没有愉悦性的活动不能算是休闲活动。但休闲活动需要通过一定的物质文化载体来实现，而休闲载体又被深深打上了文化烙印，因此休闲活动就具有了承载文化，记忆文明的属性。文化承载和文明记忆的功能在中国古代社会休闲生活中表现尤为突出，体闲载体不仅具有鲜明的民族特色，蕴含着丰富的思想文化内涵，而且还体现着民族独特的审美取向。诸如“赛龙舟”承载着人们对中国古代伟大诗人屈原的思念一样，许多大型民间娱乐活动都有着源远流长的历史传说和文化记忆。

总之，优秀传统休闲文化对现代休闲教育有着重要启示和借鉴意义，重视人格养成体现着传统休闲的价值追求，推进社会和谐体现着优秀传统休闲文化的社会功能，推进文化自信体现着优秀传统休闲文化的内在要求，从上述方面对优秀传统休闲文化的当代价值都是与当下的社会休闲状况相联系的。应该指出的是，传统休闲文化毕竟是产生和形成于农耕时代，其具体内容及其表达方式适宜于过去的生活状态，不能简单移植到现代生活当中，需要找到传统休闲文化与现代休闲教育契合点，正确处理继承和发展之间的关系，结合时代发展赋予其新的内涵和新的表达形式，使之成为现代休闲教育的最基本的文化基因和文化底色，推进优秀传统休闲文化资源的当代转化。

第三章

高校休闲教育高质量发展的价值旨向和应然样态

从我们对高校休闲教育的理论基础和文化渊源的分析可以看出，马克思关于社会休闲思想和人的全面发展理论是有机统一的，社会休闲在促进人的自由全面发展过程中有着不可替代的重要作用；中国优秀传统休闲文化具有重视人生体验、展示人格力量和强调人文教化的功能，为建构现代社会休闲生活奠定了深厚的文化基础。无论是从马克思主义关于社会休闲对人的自由全面发展的作用来看，还是从优秀传统文化重视社会休闲的道德养成和人文教化的功能来看，社会休闲的意义和休闲教育的核心问题都是如何培养人的问题。因此，以马克思主义关于休闲和人的自由全面发展思想为指导，以优秀传统休闲文化为底色，加强高校休闲教育必须紧密结合大学生的休闲生活特点和高校休闲文化建设的实际情况，以如何培养人为根本出发点，切实把休闲教育作为一种素质教育、创新教育、个性全面发展教育和人生教育，使之成为提升大学生生活质量、陶冶大学生精神世界、促进大学生身心健康、实现大学生自由全面发展的基本方式和有效路径。这也是我们推进高校休闲教育不断向广度和深度发展的基本价值旨向和应然样态。

第一节　高校休闲教育价值旨向

杜威曾指出，“在教育史上出现的根深蒂固的对立，也许就是为有用劳动做准备的教育和为闲暇生活做准备的教育”。具有娱乐性的休闲有益于身体健康，更有价值的是长期陶冶性情。[①] 布莱特比尔也认为，如果我们想要休闲，就应当先接受休闲教育。未来，不仅属于受过教育的人，更属于那些学过怎样聪明地利用休闲的人。如果不能学会以一种整体性的、脱离低级趣味的、文明的、有创造性的方式来享受新型的休闲，这就根本不是在生活。现代人生活多元化的需求造就了多样性的休闲，大学生面对休闲的复杂性又难以做出最优选择。高校休闲教育价值旨归的个体属性与社会属性都可以丰富大学生的精神世界、健康大学生的心理世界、促进大学生自由全面发展。

一　高校休闲教育是一种素质教育

教育的重要性最终要归因于人的重要性。随着人类社会的进步，社会的总体人口素质更是成为制约或推动社会进步的因素，受人口数量和身体素质的限制因素明显弱于人口素质的因素。[②] 因此，教育必须高度重视人的综合素质教育。传统意义的素质教育是在 20 世纪相对于唯考试分数的应试教育提出的，主要是应用于基础教育。现代意义上的素质教育，是以促进人的自由全面发展为根本目的，以尊重人的主体性和主动精神，注重开发人的智慧潜能，注重形成人的健全个性为根本特征的教育。这与休闲教育的本质和目的是高度契合的。

联合国教科文组织在报告中称，教育应当促进每个人的全面发展，即身心、智力、敏感性、审美意识、个人责任、精神价值等方面的发展。[③] 中国政府部门相继出台了一系列政策加强素质教育。1996 年初，时任国家教委副主任的周远清谈道，全世界都在考虑如何加强大学生人文教育、加强做人的教育、如何使社会经济的发展同道德水平的提高协调一致，使人文教育同科学教育互相渗透。他认为教育思想改革需要注重素质教育、能力培养、个性发展。自此，素质教育开始被引入大学生教育理念中。2019 年 6 月 23 日，颁布的《中共中央国务院关于深化教

---

① ［美］约翰·杜威：《民主主义与教育》，王承绪译，人民教育出版社 2001 年版，第 268 页。

② 扈中平：《教育目的论》，湖北教育出版社 1997 年版，第 16 页。

③ 联合国教育科文组织：《教育——财富蕴含其中》，联合国教科文组织总部中文科译，教育科学出版社 1996 年版，第 75、85 页。

育教学改革全面提高义务教育质量的意见》指出，突出德育实效、提升智育水平、强化体育锻炼、增强美育熏陶、加强劳动教育的“五育”举措。[①] 广义的素质教育，是根据社会发展的实际需要，使人们能够达到正确处理自身所处社会环境的一切事物和现象的教育，包括德智体美劳等内容。休闲教育的内容和目的，不仅是要提高个人的休闲技能和休闲能力，更是要提高人们对社会生活的自我判断和自由选择的能力，提高人们对事物的接纳度和包容度。具体体现在人们参加各种休闲教育和休闲文化活动，有利于培养对社会生活的价值取向，提高对自然事物和社会事物的情感意识和审美品位，培养面对各种社会休闲现象的自我判断能力。对于大学生，教育和学习的内容不应只限于课程知识，更应该涉及大学生如何才能成为全面发展的社会成员的教育。这恰恰是高校休闲教育应有的基本价值取向。

休闲生活是人们不可或缺的一种社会生活，休闲素质是人们不可或缺的一种社会素质，针对提高人们整体素质这一目的，休闲教育较其他教育具有更鲜明的特点和独特优势。相对于其他教育，大学生休闲教育作为一种素质教育其独特价值和优势主要表现在：一是休闲教育在教育对象上具有广泛的普适性。休闲教育不能狭隘限定在培养某一专业或职业的专家，而是对大学生具备一种普适性功能而开展的一种综合素养教育。二是休闲教育在教育内容上具有极大的包容性。休闲生活涉及人们日常生活的各个领域，一切有利于人们身心健康的内容和活动都可以纳入社会休闲的视野，因此，休闲教育必然涉及人们生活的方方面面，具有教育内容上的广泛包容性，能够使大学生更好的开阔视野，提高境界。三是休闲教育在价值追求上具有鲜明的指向性。休闲是人们在自由时间自由选择的活动，树立大学生正确的休闲价值导向，培养大学生的社会道德感和社会责任感，提高大学生自我判断、自我选择和自我完善的能力，就成为休闲教育的根本价值追求。四是休闲教育在教育形式上具有特别的鲜活性。大学生休闲生活是活生生的现实社会，高校休闲教

---

① 新华社：《中共中央国务院关于深化教育教学改革全面提高义务教育质量的意见》，中华人民共和国中央人民政府 2019 年 7 月，http://www.gov.cn/zhengce/2019-07/08/content_5407361.htm，2021-5-20。

育寓于大学生活生生的休闲生活之中，能够充分调动大学生参与休闲教育的积极性和针对性，在丰富多彩的休闲文化活动中提高自己的综合素质。五是休闲教育在实践路径上有着积极的互动性。教育者和被教育者在休闲教育体验的过程中相互转化自己的角色，形成教与学的互动关系，能够使大学生在自我体验中实现自我教育，有利于进一步增强素质教育的针对性和实效性。正如于光远先生认为的，随着生产力不断提高、文明不断发达，“那时整个社会就从‘有闲阶级的社会’走向‘普遍有闲的社会’”。[①] 这一转变既是一种国民生活方式的转变，也是国民的素质提升，加强大学生休闲教育正是适应这一转变的必然要求和结果。

由此可见，素质教育更像是“完整的人”的教育，高校教育肩负着培养各行业和专业合格人才的重任，同时也要让人才成为真正完整的人。大学生的休闲教育作为一种具有自己独特价值和优势的素质教育有利于大学生体验自我参与体验人生的意义。而大学生良好的品德、健全的人格又是在社会生活体验中不断形成的。高校的休闲教育可以通过大学生参加的休闲社会体验活动，对其通过引导、观察、记录、分析、再引导等方法纠正他们的行为偏差。休闲教育是一种素质教育，休闲教育的场景既可选择教室、实验室、图书馆，也可选择博物馆、体育场和文化公园，甚至是户外踏青、游园和爬山等，只要能进行休闲活动的场所就可以用来进行休闲教育，其独有的教学内容与教学形式使大学生素质教育更具有人性化的特色，更有利于增强大学生素质教育的针对性和实效性。

二　高校休闲教育是一种创新教育

高等教育的主要任务之一是培养高素质的创新型人才。中国一直重视创新教育，在两大关于创新型人才培养的重磅文件《国家中长期人才发展规划纲要（2010—2020 年）》和《国家中长期教育改革和发展规划纲要（2010—2020 年）》中，均提出要重视培养创新型科技人才和一大批拔尖创新人才，展现出了人的创新性的重要性。高校休闲教育是

---

① 于光远：《论普遍有闲的社会》，中国经济出版社 2005 年版，第 12 页。

提高大学生创新能力的教育。人的能力分为已经发展并表现出来的能力——显性能力，以及还未发现且潜在的能力——隐性能力，通过一定条件的作用，隐性能力是可以转化为显性能力的。创新能力则是显性能力和隐性能力共同作用的结果。休闲教育的重要价值就在于引导人们在轻松愉快的环境下发现自我潜能，实现自我更新和自我发展。

首先，高校休闲教育是培养大学生创新思维的教育。人具有创新性思维，才会具有创新性能力。培养创新型人才首先就是培养人们的创造性思维。兴趣和爱好是人们创新活动的必要前提条件，也是培养人们创新思维的重要手段和途径。休闲教育的内容不是固化不变的，方式也不是一成不变的。人的爱好和兴趣具有多样性及多变性，是随着社会生活的不断发展而不断变化的。比如，现代高科技发展为人们休闲活动开辟了极其广泛的休闲空间和休闲领域，极大地开拓了人们的休闲生活视野，而这些休闲空间和休闲领域是过去人们不可想象的。休闲教育的重要内容就是培养人们发现爱好和兴趣的能力，而这种能力恰恰是人们的创新思维必须具备的。具有创造性的想象力是人们自由选择的休闲生活的最明显的表现特征。高校休闲教育不仅是为了培养大学生的综合素养，更是为了培养个体的创新性，以适应社会对创新型人才的需要。

其次，高校休闲教育是引导大学生如何自我选择的教育。自由是创新性人才一个重要标志，没有自由独立的思考就没有创新。而休闲生活是人们在自己支配的自由时间进行的自我选择的活动，因此休闲与创新有着天然的联系。在科学技术发展史上，许多创造活动都是在人们的闲暇生活中受到启示萌发出来的。最好的事例就是“叩诊法”的发明者，偶然注意到了搬酒桶的工人，是通过叩击啤酒桶发出的声音来判断桶内啤酒的多少，他将这个方法用到了医学，用叩击来诊断病人胸腔内脓水的多少。由此可见，创造性的想象力是在自由的气氛中产生的，在可以悠闲地按照自己最甜蜜的愿望去进行探索时最容易萌发。[①] 人只有在自由状态下，兴趣作为创造活动的源动力才能得以展现，自我创造和发展的潜力才能得到更好的发掘。布莱特比尔还指出，重要的不是追求休闲

---

① ［美］查尔斯·K. 布莱特比尔：《休闲教育的当代价值》，托尼·A. 莫布莱修订，陈发兵等译，中国经济出版社 2009 年版，第 78 页。

的形式，而是是否能够创造性地用自己满意的方式来度过休闲时间。[①]人们在工作学习的过程中，如果只是观察事物的表面，没有自由的想象力，也就谈不上创造力，也就难以透过现象把握事物的本质。休闲的高度自由选择性，决定了休闲教育是建立在尊重人们选择自由的基础之上的，而不是压抑人们的自由，这也是休闲教育促进人的自由全面发展的应有之义。休闲生活中人们的思维是独立的、发散的、创新的，休闲教育就是要解放人的天性，激发人的潜力，为促进人的自由全面发展开辟新的路径。大学生行为还处于"半自由"状态，自由人格还未完全成熟，自我评价体系还未最终成形，依然处于青少年时期或者对自我认识过高或者盲目自卑的阶段。休闲教育得以让他们在紧张学习之余，体验丰富多彩的休闲活动，提高大学生的自由想象力和创新能力。

最后，高校休闲教育是培养大学生的团队精神的教育。随着科学技术的迅猛发展，科学研究的领域越来越广，研究的问题越来越深，团队精神越来越成为科学创新的重要力量。同时，人们的社会休闲生活更加丰富色彩，许多休闲活动成为人们共同参与共同合作的活动，社会休闲具有一种开放性和包容性特点，休闲教育同样具有开放性和包容性特点，加强高校休闲教育，同时还可以加强大学生团队意识培养，提升大学生团队协作的能力。

三　高校休闲教育是一种个性全面发展教育

联合国21世纪教育委员会曾在1996年"21世纪人才素质讨论会"上提出人才应当具有的七点标准，其中之一就是要具有丰富多彩的健康个性。如今随着人才需要的多样化与多元社会文化观念，大学生的个性越来越鲜明，要重视挖掘每个人的优势，发展个性。[②]人的个性化是相对于人的社会化而成立的。从这一意义上来讲，休闲教育过程是促进大学生社会化的过程，是个体社会化的过程，休闲教育的目的还可以体现在使得大学生尽快地融入社会。

---

① ［美］杰弗瑞·戈比：《你生命中的休闲》，康筝译，云南人民出版社2000年版，第300页。

② 曲建武等：《对大学生个性发展与社会责任感培养的理性思考》，《中国高教研究》2001年第12期。

人的个性全面发展首先表现在自我意识的发展，而自我意识又包括自我认知意识、自我道德规范意识、自我行为评价意识，自我价值实现意识等内容。大学生正处于一个自我意识养成期，如何帮助大学生全面、辩证地进行自我评价和自我分析提高自我认知和自我判断的能力，是高校休闲教育的一项重要任务。随着大学生人生阅历不断丰富，对自我关心的深度日益增长，社会道德意识也在逐渐提高，不再凭直觉判断伦理道德，对世界和人生形成了比较稳定的看法，但是这些认识和看法更侧重于人的感情体验和生活体验。而休闲教育恰恰是通过提高人们休闲生活体验和休闲情感体验，提升人们对自我选择的教育活动。

中国心理学家郝滨认为："个性可界定为个体思想、情绪、价值观、信念、感知、行为与态度之总称，它确定了我们如何审视自己以及周围的环境。它是不断进化和改变的，是人从降生开始，生活中所经历的一切总和。"随着教育理论和跨学科的科学研究发展，学者们越来越重视学生学习时的状态及环境，较轻松愉悦的教学环境，能够带动学生们的思维活跃起来，教学效果更佳。针对个性，教育学界比较认可的观点是：个性是在一定的生理与心理素质基础上和一定历史条件下，通过教育对象自身的认识与实践，形成和发展起来的个体独特的身心结构及其表现。① 休闲恰恰具备自由的特性，休闲的必要条件就是遵循自己的兴趣爱好，休闲教育的目的正是让个体学会以什么样的态度对待娱乐、游戏。著名心理学家罗杰斯关于人格的形成认为，"经验""自我概念"一起构成了人格，具有知觉的、内藏特性的经验并不能与生俱来，只有经验与自我概念的状态协调一致时，个体才是真实而适应的人。一个热爱着自己舞者职业的舞蹈老师，完全可以成为一个烘焙兴趣班的优等生，而同为舞者的同事也可能是通过马术班成了一个马术高手，职业虽是相同的，爱好不同，接受休闲教育的内容也不同。概言之，休闲教育是一种个性发展的教育，是通过引导人们如何进行正确的休闲生活自我选择，来培养大学生的自我意识，实现个性全面发展的过程。

个性全面发展还是人主观能动性和实现自我价值的体现。休闲教育能够极大地激发大学生的个人主观能动性，在休闲教育实践活动中，大

---

① 吴慧芳：《个性及思想政治教育个性化》，《理论与改革》2005 年第 4 期。

学生能动地选择休闲和体验休闲，在认识的指导下能动地形成具有个性的休闲活动。在完全自由的休闲时间里，大学生放下学业的压力，放松身心，才有时间思考人生、理想以及如何实现自我价值。个性的哲学意义在于个人对外部世界和自身的支配或控制，使个人成为外部世界和自身的主人，因而它表现个人的主体性内容。① 从个体生存历程来看，从婴儿时期的“物我不分”阶段到认识“自我”、认识“环境”阶段，休闲教育拓展了大学生自我认知和个性发展的时空样态，为大学生的自我认知、个性丰富和实现自由全面发展提供了现实路径。休闲教育的介入使个体不断更新自我认知体系，培养健康人格，实现个体自由全面发展。

个性自由发展本质上是社会道德的自我觉醒和社会责任的自我担当。大学生的休闲活动与培养大学生正确的世界观、人生观、价值观方向是一致的。在社会休闲环境日趋复杂的情况下，一些不良休闲行为也在大学生休闲活动中表现出来，严重影响了大学生的自我道德认知和社会责任认知。为避免劣质不良的休闲活动对大学生们产生负面影响，要注意加强对大学生的休闲生活的伦理道德和社会责任方面的教育引导，不断提高大学生的自我道德规范意识和社会责任意识，在不断融入社会化的过程中实现个人的自由全面发展。

四　高校休闲教育是一种人生教育

在国际21世纪教育委员会向联合国教科文组织提交的报告《教育——财富蕴藏其中》中，把与生命由共同外延并已扩展到社会各个方面的这种连续性教育称为“终身教育”。② 社会的发展和科技的进步，越发让我们体会到了人生教育的重要性。社会休闲是人生体验的一部分，休闲生活体验的人生是自我选择的人生。从这一意义上来说，休闲教育就是帮助人们如何选择人生的教育。大学生从大学生活中不仅要获得将来谋生的知识，还要获得自身生命的体验和人生意义。

---

① 韩庆祥：《个性概念分析》，《求是学刊》1993年第1期。

② 联合国教育科文组织：《教育——财富蕴含其中》，联合国教科文组织总部中文科译，教育科学出版社1996年版，第61页。

休闲是贯穿人一生的生活方式，休闲教育也应是伴随人一生一起存在的终身教育，处于不同人生阶段，具有不同的休闲教育目的与内容。知识的更迭特点使得人们不能在某个生命阶段就能学完一生需要的知识，知识也随着社会的发展不断更新，人生每一个不同的阶段都需要充实新的知识。社会生活的迅速变迁使得人们珍惜人的发展资源的意识和行动不断从自发走向自觉，休闲教育因此也成为人生过程中必不可少的教育。①

随着社会发展和人们生活水平的提高，人们满足自我休闲的需求越来越强烈，休闲教育也越加成为人们社会休闲生活过程中如何体现人生价值和人生意义的有效方式。人生中不同阶段的休闲需求也是动态变化的，休闲教育也必定是一种伴随人终身的人生教育。麦克莱恩说过："任何一个组织者或行业都不可能完成这一艰巨的教育任务……必须通过多种途径，依靠各类机构和组织来满足各种不同年龄的人对闲暇教育的需要。"② 社会休闲越来越成为人们生活的重要组成部分，越来越成为人们人生体验的重要组成部分，加强休闲教育就越来越显得更加必要和迫切。高校休闲教育不仅使大学生在校期间受益，而且对其一生都有着重要影响。休闲存在于人完整的一生中，步入大学阶段，大学生休闲活动独立性大幅提升，休闲方式选择的自由度更高；在高度"自主决定"的状态下，大学生的休闲是需要休闲价值观引导的，而价值观的塑造与休闲技能的培训都要由休闲教育完成。加强高校休闲教育，帮助和引导大学生树立正确的社会休闲价值观，培育良好的休闲生活品位和休闲审美情感，在社会休闲生活中更好地认识人生、体验人生、感悟人生的价值和意义，对于他们来说是终身受益的。

第二节　高校休闲教育应然样态

休闲生活涉及大学生在校生活的方方面面，因此休闲教育理应成为

---

① 刘海春：《生命与休闲教育》，人民出版社 2008 年版，第 101 页。

② ［英］J. 曼蒂等：《闲暇教育的理论与实践》，叶京等译，春秋出版社 1989 年版，第 168 页。

一种贯穿大学生活始终的教育形式。大学生休闲生活中存在的问题已经显示出了当下休闲教育资源的匮乏。我们对目前大学生进行的实证调查的结果显示，大学生对休闲教育具有强烈愿望。其中，有 53.61% 的大学生对于“成立多种形式的休闲活动小组，由学生自由选择，相关老师定期参与引导”持有必要的观点；有 63.51% 的大学生认为所在学校或学院应该承担起休闲活动的组织责任，也有 60.29% 的大学生呼吁通过校方参加校际间大学生休闲联盟；66.29% 的大学生对于“学校与社会机构联合举办非营利性休闲活动”持绝对支持的态度。由此可见，大学生既有强烈的接受休闲教育的愿望，也有通过社会休闲活动提前了解社会的想法。但是，基于休闲认识上的偏差，目前相当一部分高校休闲教育仍处于一个“犹豫不定”的状态，与大学生追求美好休闲生活的需要不相适应。同时，大学生休闲生活存在的问题也需要我们进一步加强休闲教育。从调研情况来看，许多大学生在如何处理学习和休闲关系问题上存在误区，在闲暇时间究竟应“学”还是应“玩”存在相互矛盾的心理困惑，有的认为休闲耽误了学习时间，影响自己学业进步，有的则抱着混个学历的心态对待大学生活。特别是目前手机已成为大学生学习与休闲的重要工具和手段，极大地缩短了人与人之间沟通交流的时间周期，并且获取信息的速度更快。一些大学生对于“手机休闲”的欲望相当迫切，甚至出现了一定程度的依赖感。在针对“通过班级微信群或公众号发布各类相关休闲信息”，有 57.41% 的大学生选择了这一项。现代高科技应用于人们的休闲生活，极大地拓展了人们社会生活的空间，也为人们休闲提供更为多样化、智能化、虚拟化的活动场景，给大学生休闲带来了诸多便捷，但这证明不了大学生的休闲生活质量也随着提高了。事实上，这种变化只是呈现了社会休闲活动愈加具有非现实社会化的“个体”休闲特征。如果处理不当很容易使人产生远离社会群体和现实社会人际关系的心理倾向。而问题在于目前许多高校对大学生期待休闲教育的愿望和要求把握不足，高校休闲教育相对滞后，甚至是一种可有可无的状态。因此，不论是从理论角度还是现实角度，高校都应该高度重视休闲教育，切实把休闲教育作为全面提高大学生素质的重要途径，作为促进大学生全面发展的重要环节，作为提升大学生生活质量、陶冶精神世界、促进身心健康的重要方式，将休闲教育渗透至大学生活的方方面面，成为高等院校培养高素质人才的一项常态化工作，成为不断推进高校休闲教育向广度和深度发展的应然样态。

一　提升大学生生活质量的基本方式

关于生活质量与休闲的关系，虽然人们对休闲的理解不同，但并不影响在“休闲活动能够提高人们生活质量”达成一致。[①] 关于生活质量的研究是从二战后开始的，生活品质的概念最早由美国经济学家吉尔布雷斯在其出版的《富裕社会》中提出，之后“生活质量”开始正式被作为研究术语使用。生活质量的范畴既包括物质方面也涵盖精神方面，对其界定的类型被概括为三种：兼顾物质和精神生活，即自然和社会方面；生活的舒适、便利程度和精神的享乐；生活总体质量的高低。不论是哪一种类型能定义生活质量，休闲都具有重要作用，休闲是完全个性化的，休闲的本质是自由，对休闲的认识与开发是人类从必然王国向自由王国迈进的重要途径和标志。[②] 澳大利亚格里菲斯大学的休闲学者凯瑟琳和克里斯托弗界定了休闲客观指标、主观指标，并指出两类指标与生活质量之间存在怎样的相关性以及相关性对生活质量的作用。两类指标包括：休闲资源的使用和满意度、对环境质量的认知、休闲参与状况、休闲态度以及休闲满意度。主观指标都是建立在休闲评价基础之上的，与结果成正相关。故而，休闲决定了生活质量的好坏，大学生休闲也影响着他们的生活质量。

影响人们生活质量的因素是极其广泛而复杂的，有社会上的原因，也有个人方面的原因，人们对生活的态度、人际关系的状况、身心健康的状态等都对人们的生活质量有着重要影响。但其中人们对社会生活的态度起着决定性作用。在大学生中开展休闲教育有利于培育大学生的生活情感和生活趣味，更好地体验生活的意义和人生价值，从而进一步端正大学生的生活态度，增强大学生对生活的信心。

谋生是人们生活的基本选择，但并不是人们生活的唯一选择，随着

---

① 宋瑞：《休闲与生活质量关系的量化考察：国外研究进展及启示》，《旅游学刊》2006年第12期。

② 刘海春：《休闲教育初探》，《广西社会科学》2005年第7期。

经济社会的不断发展，人们对“谋生”以外的休闲生活的需求越来越高，教会人们如何正确休闲，如何学会“玩”，才能使之成为完整的人。如果只是重视“谋生”教育，而忽视休闲教育，难免会陷入功利主义的误区。亚里士多德曾经特别强调，教育的目的不是谋职或挣钱，当一个人沉浸在体育锻炼和音乐等活动中时，他完全是为了身心的愉悦。① 过于注重“谋生”教育，势必会造成对人的精神世界富足需要的无意识忽略。此外，社会中出现的大量休闲异化现象，也告诉我们必须要高度重视大学生休闲中体现的对人生的态度、对社会生活的态度等问题。一方面，受极端物质利益的驱动，以大量所谓“加班时间”挤占自由时间，势必会导致其社会角色的休闲时间大幅度降低，以致“过劳死”数量呈逐年上升趋势。另一方面，社会生活节奏加快使一些人感到面临较大的社会压力，以所谓的“躺平”方式对待社会生活。这些都反映着一个人对社会生活的态度和对人生的态度。高校休闲教育能够帮助大学生学会如何休闲，提高生活质量，引导大学生正确解决如何对待社会生活、如何对待人生的问题，这也是人生教育中必不可少的一种教育。

总之，高校休闲教育是提升大学生“生活质量”的基本方式，解决的是大学生如何端正对待社会生活的态度问题，而社会生活态度体现着人生态度，帮助大学生端正对待社会生活的态度就是端正他们的人生态度。从这一意义上来讲，高校休闲教育提升大学生“生活质量”的过程，也就是帮助大学生树立正确的人生观和价值观的过程。

二 浸润大学生精神世界的重要载体

在中华民族长达几千年的发展历程中，追求精神生活历来是人们社会生活的根本价值取向，同时也是人们休闲生活的根本价值取向。在优秀传统文化中，社会休闲生活被赋予了载道明志、澡身浴德、陶冶精神、传承文明的功能，游历江河山川以舒展情怀，吟歌诗词文赋以咏物明志，梅兰竹菊被蕴含着“君子比德”的人格意义，琴棋书画展示着人文养成的价值。可以说，中华民族自古以来追求的休闲生活就是精神

① ［美］托马斯·古德尔、杰弗瑞·戈比：《人类思想史中的休闲》，成素梅译，云南人民出版社2000年版，第157页。

文化生活。“修身养性”作为社会休闲的直接指向，不仅是个体的身心调节，还具有更加广泛的陶冶情操、澡雪精神的意义。正是因为社会休闲作为重要思想文化载体，蕴含的社会道德和人文养成的价值，决定了高校休闲教育在浸润大学生精神世界、陶冶大学生情操方面有着难以替代的作用。

精神生活的富足才是人生的真正丰富，人们的精神生活是有信仰、有道德、有着社会责任和思想文化内涵的生活。心有所信，方能行远。加强大学生休闲教育，就要提高丰富多彩的休闲文化生活，塑造大学生正确的休闲观念，培育大学生良好的休闲道德情感和休闲审美品位，丰富大学生的精神世界。

受社会不良文化影响奢华生活攀比风也在大学生群体中有所滋长，通过“校园贷”等非法借贷攀比消费的问题尤为突出。大学生还处于生活阅历比较简单的人生阶段，对于复杂事物难以分辨真假，而且又正处于对新生事物具有极大好奇心的阶段，这就难免要受到各种社会不良休闲行为的影响，出现一些非道德、反理性、泛娱乐化的现象。有的大学生受好奇心驱使，试图尝试一些“网络交友”“虚拟伴游”等“特别”的休闲活动，并有着一种“发现新大陆”似的惊喜，误认为是精神愉悦的体验。大学生的休闲生活自由度高，但面对错综复杂的社会休闲判断能力相对较低，承担行为后果的能力也相对偏低，因此，我们要把握住大学生的这一特点，努力建构现代大学校园休闲文化，有针对性地抓好大学生的教育和引导，这也是高校休闲教育的价值所在。

三　实现大学生全面发展的有效路径

休闲是“成为人”的过程，人的自由全面发展首先表现在自我认知上。休闲生活是人们自我选择的生活，休闲教育有益于人们在群体参与的休闲活动中提升自我认知。自我认知是在大学校园生活和社会实践活动过程中，大学生对自身的状态以及自身与客观环境、自身与周围人群关系的反映，三者相互作用，相互影响。[①] 客观环境既是校园内的环

① 岳宝华：《大学生自我认知发展和完善的途径探析》，《山西高等学校社会科学学报》2010 年第 5 期。

境，包括上课的教室、运动的体育馆、自习的图书馆，周围人群既包括同学，也包括老师。本书的调查结果也显示，休闲场馆和参与休闲活动的同伴都可能会成为影响大学生休闲选择的障碍因素，选择什么样的场馆休闲，与什么样的伙伴同行，这些也都体现着在休闲和休闲教育过程中的自我认知。特别是对于刚刚进入大学阶段的新生来讲，学习以外的经验往往是“间接经验”，尤其缺乏对自我的正确认识，有时候还会因为“年轻气盛”做出偏激的行为，而传统的学科教育是不会教授如何处理这些“困难”的，通过休闲教育，组织开展大学生共同参与的休闲文化娱乐活动，能够使他们在同伴交往和角色体验中更好地认识自我和把握自我，不断提升自我认知和自我完善的能力。

促进大学生人格健全是高校休闲教育的重要内容。健全的人格是与自然和社会和谐的人格，人际关系和谐是社会和谐的重要组成部分。对于大学生来说，他们面临的社会关系主要是人际关系，能否正确处理人际关系对于他们能否顺利走向社会尤其重要。和谐的人际关系有利于大学生的身心健康，有利于大学生良好性格的塑造，有利于大学生社会生存能力的培养。① 共同的休闲活动可以使大学生更容易以坦诚的心态来对待同伴，认知他人的情绪，感受到他人的需求与欲望，学会与他人正常交往和沟通，形成相互尊重、相互信赖和相互协作关系，收获师生和同学之间的友谊，有利于帮助大学生解决如何正确处理人际关系的问题。

从教育心理学的角度来看，缺乏自我意识和自信，处理人际关系能力和应对焦虑能力差，都与人们的情商有关，传统的高等教育更重视智商的培养，容易忽视情商培养。美国心理学家丹尼尔·戈尔曼指出：“真正决定一个人能否成功的关键，是情商能力而不是智商能力。”② 情商的高低决定了大学生对他人的感受、理解、共情以及如何表达自己情绪的能力，决定了大学生的团队合作能力、领导力、自我情绪控制能力、抗打击能力等发展要素。在专业分工越来越细化的前提下，一些大

---

① 夏素荣：《浅析当代大学生和谐交往的重要性》，《黑河学刊》2011 年第 12 期。

② 陈淑华等：《当代大学生情商现状调查分析与培养措施》，《中国成人教育》2012 年第 16 期。

学生的心理还处于从“应试教育”向“素质教育”转变的阶段，现阶段的大学生依然受应试教育的隐性影响。进入大学之后，他们仍然保持着“高强度学习竞争”的惯性，忽略了自己的自我认知能力、自我控制能力以及沟通能力的培养。如果说大学生的专业教育更像一种“智商”教育，那么休闲教育就更像一种“情商”教育，加强休闲教育有益于实现大学生情商与智商的双向提升。

四 促进大学生的身心健康的有效方式

大学生的心理健康问题成为高校急需解决的问题之一。2019 年10—11 月，中国青年报社联合丁香医生在全国 40 多所高校，随机选取了不同城市、不同年级的 12117 名大学生，调研了高校大学生的健康态度和生活方式，形成了《2020 中国大学生健康调查报告》，结果显示：只有 14% 的大学生对过去一年的健康没有困扰，而困扰较大的是皮肤、睡眠和情绪，并且随着所在年级越高，受皮肤困扰比例就越高。到了大四，越来越多的大学生被睡眠不足所影响，手机成为影响大学生睡眠的首要因素，有 79% 的大学生选择了晚上上床之后不立刻睡觉。关于调查的大学生心理健康问题，只有 13% 的人承认没有心理困扰。学业问题仍然是大学生心理困扰排名第一的因素，60% 以上的大学生被学业所困扰，34% 的大学生认为人际关系使他们心理受困扰。到了大四，心理受困因素排第一的是来自就业的压力，这也符合大学生的阶段发展特征。

心理健康是综合性问题，只有多方形成合力才能帮助大学生改善心理健康。报告还指出转移注意力是大学生最主要的情绪调控方式，现代大学生的家庭组成结构中，多为独生子女，对于同龄人际关系的调节具有特殊性。大学生良好的人际交往关系与心理健康紧密相关①，独生子女从小的生活轨迹与生活习惯有别于多子女家庭，与多子女家庭的大学生比较，父母同学的关系较糟糕，抑郁的可能性越大②，积极参加集体

① Toni Falbo 等：《独生子女大学生的心理健康和人际关系——兼对独生子女“刻板印象”的讨论》，《广西民族大学学报（哲学社会科学版）》2011 年第 5 期。

② 雷希等：《核心自我评价对大学生抑郁的影响：应对方式和人际关系困扰的链式中介作用》，《中国临床心理学杂志》2018 年第 4 期。

活动，人际关系融洽，有利于提高独生子女大学生的心理健康水平。①调查采用相关分析发现，利用人际支持是大学生最有效的情绪调控方式。大学生对心理健康知识的需求丰富，排前三的依次是：人际交往、自我调节及职业指导。大部分高校都会出于人文关怀对初入大学时的大学生，组织各种迎新活动积极鼓励新生加入集体生活，但是这些活动内容简单，形式缺乏灵活性。休闲教育的多样性正好弥补此类缺点，组织有共同兴趣爱好的大学生，以共同的休闲活动为目的，增进同学之间的了解，有利于调节大学生的心理压力，帮助他们顺利过渡大学生活。

诺贝尔生理学奖得主伊丽莎白关于寿命的研究表明：心理平衡的作用对生命的影响占了 50%。中国古代的《黄帝内经》中也提到了情绪对身体健康的影响，“百病生于气也。怒则气上，喜则气缓，悲则气结，惊则气乱……”心理学领域有诸多关于休闲与大学生健康关系的研究。胡炳政根据以往的研究梳理出：Henderson K. A. 和 Mannell R. C. 认为休闲与个体健康及幸福的关系十分密切；Long J. Z.，Wang S. 等学者认为休闲对青少年发展与犯罪预防、心理健康维护、主观幸福感提升、抑郁改善及认知损伤干预等方面有明显的积极作用；但是，具体效果又根据特定参加人群的个人差异，要受到休闲活动对幸福感作用及效果的影响。② 对于大学生休闲教育的有效实施，高校具有先天优势，充分利用不同学科对休闲教育的贡献度以及参与度，将高校休闲教育制度持续优化，这也是高校对高质量高等教育不可推卸的责任和义务。在大学时期进行休闲教育，着力帮助大学生树立正确的休闲观念和休闲意识，培养健康向上的休闲方式，提升大学生的休闲品味和休闲质量，使大学生学会通过健康向上的休闲活动进行自我身心调节，这也是一项使大学生受益终生的教育。

---

① 程硕等：《独生子女大学生与非独生子女大学生焦虑和抑郁症状的比较》，《中国心理卫生杂志》2019 年第 10 期。

② 胡炳政：《大学生休闲活动与应激、抑郁、幸福感的关系研究》，《中国全科医学》2015 年第 18 期。

第四章

当前大学生休闲与休闲教育的实证研究和困境分析

本章基于学生发展视角，旨在考察当代大学生休闲表现情况以及休闲与学生发展之间的关系，探讨大学生休闲对身心发展及学校满意度的影响机制，分析影响大学生休闲发展的制约因素。为高校休闲教育实施提供实证依据。研究技术路线具体见图 4－1。

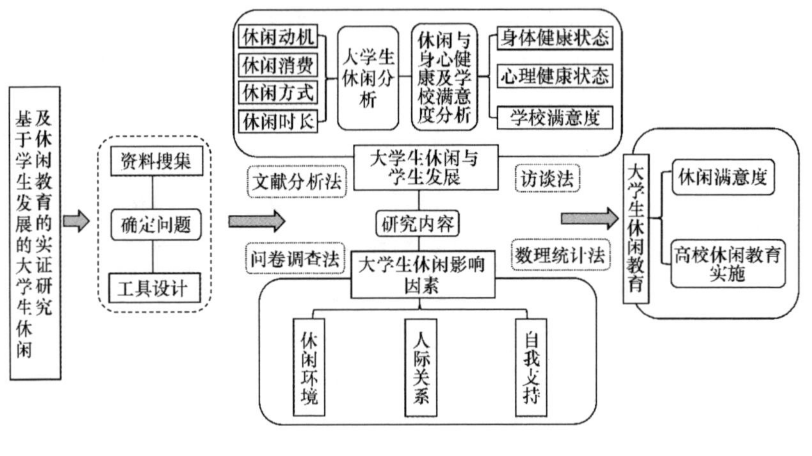

图 4－1　研究技术路线

第一节　大学生休闲和休闲教育实证研究

一　问卷编制和样本分布

1. 问卷内容设置

为进一步增强高校休闲教育的针对性，本书的主题是“大学生休闲及休闲教育调查”，从大学生休闲状况、大学生休闲满意度、大学生休闲障碍三个维度，对大学生休闲生活的基本情况进行了问卷抽样调查，由于作答问卷的是大学生群体，考虑到答卷时间及方便程度，所以选用选择式的问题形式。本问卷作答范围是本科一年级到四年级的大学生。考虑到休闲时长、休闲消费、休闲活动内容是影响大学生休闲满意度的直接原因，最终从个人基本信息、个人休闲状况、个人休闲障碍、个人休闲满意度等维度设计了 21 个相关问题，目的是分析大学生休闲现状以及大学生对学校参与休闲教育意愿和期待。

为保证问卷的真实可靠性，首先咨询了教育学领域的学者，对问卷中问题的维度提出了针对性的意见和建议。然后，又进行了问卷的试调查，前期随机抽取了 30 名大学生进行试用问卷调查，共回收 29 份有效问卷。在进行结果分析后，发现休闲满意度和休闲障碍测试问题不全面，用 SPSS 软件对结果进行分析不能得到有效结果。又借用疾病症状量表和学校幸福感问卷对学校满意度这一维度问题进行修改，对问题叙述进行认真梳理，以达到被调查者理解无歧义的效果。同时，在问卷中还设置检验性问题，以便于后期分析调查时，剔除不真实准确的问卷结果，提高调查的真实性。

最后，休闲状态调查部分：将大学生的休闲活动内容罗列出 12 项：和家人/朋友聚会、观看各种文艺会演、逛街/散步/看电影、玩室内游戏、唱歌等文艺类活动、参加兴趣培养/读书、公益活动、学校社团活动、健身活动、上网、无所事事等。从自我提升和社会交往需要两个方面来调查大学生的休闲目的。编制了 21 道关于大学生休闲障碍的问题，包括自我感受、休闲硬件、显示条件等方面。考虑到如今大学生的大部分学习需要网络环境，本调查根据上网的内容编制了问卷用于调查上网活动的目的：参加自己感兴趣的网课、电子阅读、查资料、放松娱乐型的活动等。从休闲方式、休闲时长、休闲效果三方面调查大学生的休闲满意度情况。依据高校现有的休闲条件及可提供的休闲教育，调研大学生对高校休闲教育的期待。

2. 问卷编制工具

采用 Hall 等编制的疾病症状量表，包含睡眠问题、头疼、肌肉紧张、胃疼、心跳加速和没食欲 6 种症状。采用 1（每周 0 次）—5（每周5次或更多次）5点计分。在本书中，该量表的内部一致性系数α为0.875。采用这个量表是基于大学生们各不相同的休闲时长，通过调查发现休闲对健康的影响，以及是否能够筛出对健康最佳的日均休闲时长。

学校幸福感问卷是由美国心理学家 Kristina Loderer 等人 2018 年编制的5点等级评分量表，其中，1 表示"完全不符合"，2 表示"很不符合"，3 表示"有些符合"，4 表示"很符合"，5 表示"完全符合"。量表共由六个题目组成，测量了被试的学校感觉、学习生活、日常生活等方面的体验。该问卷已被广泛用于评估学生个体的学校幸福感，具有较好的信度和效度。在本书中该问卷的α系数为0.959。

由于原始量表都为五点计分，初始值为1，没有从零点开始，为了便于比较，对原始量表的选项进行重新赋分：0 = 完全不符合；1 = 不太符合；2 = 中立；3 = 稍微符合；4 = 完全符合。

3. 样本总体状况

本次大学生休闲调查是以山东省部分高校本科生为调查样本，考虑到调查结果要全面反映大学生的休闲实际状况，综合山东普通高校的实际情况，按照地域分布，兼顾鲁东、鲁中、鲁西三个不同区域选择了七所综合类高校。根据学校类型，按照学科特点选取了文理类三所、综合类三所、文科类一所。

以问卷调查和访谈的方法对大学生休闲以及休闲教育的现状进行研究，问卷标题为《大学生休闲及休闲教育调查问卷》，通过线上线下相结合的方式对调查对象进行随机抽样，随机抽取了 3966 名本科生发放问卷，剔除规律作答、不认真作答的被试者 321 名，最终回收有效问卷 3645 份，有效率达到 91.9%。根据调查数据显示：男生 974 人，女生 2671 人，女生占比 73.3%；大一学生 1971 人，大二学生 1358 人，大三学生 210 人，大四学生 106 人；专业分布方面，文史类学生占大多数，有 2122 人，理工类学生有 1509 人，艺术/体育类学生仅 14 人；生源地在城市的有 1736 人，农村 1909 人；是独生子女的有 1381 人，非独生子女有 2264 人；最后，父母其中一方最高学历是初中的占比最高，有 1298 人，高中 857 人、大专 504 人、本科 643 人、中专 259 人、研究生仅 84 人。调查对象的人口学信息见表 4－1。

表 4 – 1　　调查样本人口学变量的描述统计

变量	样本结构	有效样本数（个）	有效百分比（%）
性别	男	974	26.7
	女	2671	73.3
年级	大一	1971	54.1
	大二	1358	37.3
	大三	210	5.8
	大四	106	2.9
专业	文史类	2122	58.2
	理工类	1509	41.4
	艺术/体育类	14	0.4
生源地	城市	1736	47.6
	农村	1909	52.4
是否是独生子女	是	1381	37.9
	否	2264	62.1
父母其中一方最高学历为	初中	1298	35.6
	高中	857	23.5
	中专	259	7.1
	大专	504	13.8
	本科	643	17.6
	研究生	84	2.3

二　大学生休闲和休闲教育的实证结果

1. 关于大学生休闲动机和大学生消费。通过调查问卷中第 13 题来测量当代大学生休闲动机，采用 4 点积分法进行测量：0 = 从不；1 = 偶尔；2 = 经常；3 = 总是。通过因子分析对休闲动机进行降维，选取特征值 >1，采用最大方差法进行因子旋转，结果显示：KMO 值为 0.837，巴特利特球形检验的近似卡方值为 12968.139，显著性小于 0.000，因此符合因子分析标准，最终提取两个公共因子，其中公共因子一包含六个题项：1. 培养兴趣爱好、自我提升；2. 释放压力、自我调节心情；3. 强身健体、增强体质；4. 自我价值实现；5. 社会交往、与家人、朋友之间交流；6. 融入集体的需要。公共因子二包含两个题目：7. 碍于情面，被动参与；8. 消磨时间、空虚无聊。所选取的前两个公共因子的累计方差贡献率为67.910，意义在于前两个公共因子可以解释七个指标中67.9%以上的信息，故将前两个公共因子作为反映七个指标的综合评价指标。测试题目具有良好的结构效度，因子分析摘要见表4-2。测试检验显示量表的内部一致性检验的克隆巴赫 α 系数为0.760，测试题目具有较好的信度。

表4-2 **休闲动机因子分析摘要**

题项变量及题目	F1	F2
4. 自我价值实现	0.850	
1. 培养兴趣爱好、自我提升	0.834	
2. 释放压力、自我调节心情	0.811	
3. 强身健体、增强体质	0.805	
5. 社会交往、与家人、朋友之间交流	0.771	
6. 融入集体的需要	0.707	
8. 消磨时间、空虚无聊		0.890
7. 碍于情面，被动参与		0.889
特征值	3.851	1.582
方差贡献率%	47.784	20.127
累计方差贡献率%	47.784	67.910

为了深入了解休闲动机的表现情况，对其各项指标进行描述分析，研究发现：大学生在社会交往、与家人、朋友之间交流上表现最好，其中M=2，大学生具有一定的社会化角色，这与大学生的身份特征比较契合；其次是释放压力、自我调节心情，其中M=1.92，随着高等教育高质量发展的时代要求，严格把控大学生过程性培养成为高校教育改革的重点环节，学生面临的学业负担不断增加，通过休闲舒缓学业压力成为大学生选择休闲的重要原因；而负向动机的两项指标得分也较为靠前，这说明有些大学生可能没有形成端正的休闲动机，而还是借助休闲打发无聊时间；得分略低的指标有强身健体、增强体质，笔者认为这可

能是大学生在参加休闲时，主要为了获得身体和精神的暂时放松。结果见图4－2。

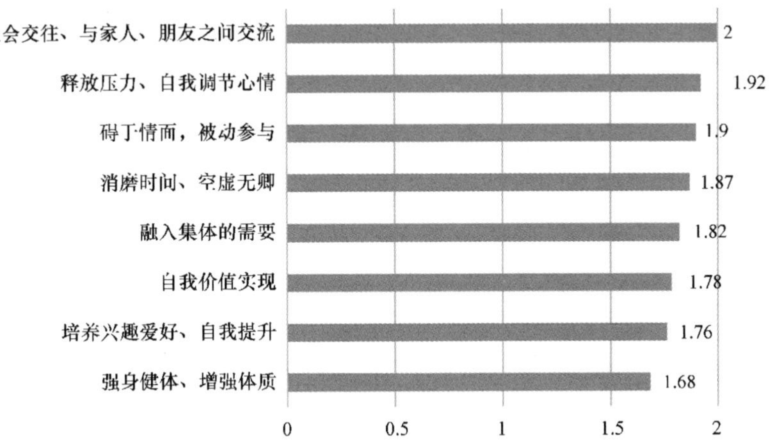

图4－2　大学生休闲动机的具体题项的表现情况

从大学生每个月生活费用和每个月用于休闲的费用两个方面来对大学生休闲消费情况和大学生休闲消费现状进行分析。结果显示：一方面，在每个月生活费方面，大学生平均月生活费在1190.19元，最低的仅有250元，最高的达到2250元；在月休闲费用方面，大学生平均费用是313.37元，最低的是150元，最高的达到1050元；从月休闲费用占月生活费比重来看，最低占比是7%，最高占比达到60%。由此可见大学生群体的休闲消费存在一定程度的差异。具体结果见表4－3。

表4－3　**大学生休闲费用表现情况**

	平均值	中位数	标准差	最小值	最大值
月生活费（元）	1190.19	1250	473.781	250	2250
月休闲费（元）	313.37	150	245.084	150	1050
休闲费占比（%）	25.87	20	14.6	7	60

2. 关于大学生休闲方式

通过大学生休闲活动类型、大学生网络休闲以及大学生休闲活动的参与形式三个方面来对大学生的休闲方式进行详细分析，采用四点积分法：0 = 从不；1 = 偶尔；2 = 经常；3 = 总是，得分越高，表示大学生参与的频率越高。

第一，大学生休闲类型。当代大学生参与的休闲方式类型呈现多样化特点。本书主要从娱乐型休闲包括：和家人/朋友聚会（KTV/酒吧/咖啡馆/茶馆/书吧）、观看演唱会/歌剧/话剧/音乐会/相声演出等、逛街/散步/看电影、玩棋牌/桌游/室内游戏、参加学校/学院组织的社团活动和上网/电脑/手机六项。运动型休闲方式包括：健身/游泳/打球、旅游/爬山/郊游/跑步两项。学习型休闲包括：参加个人兴趣爱好方面的学习/培训/读书、唱歌/跳舞/欣赏音乐/画画/弹奏乐器等艺术活动以及公益活动/志愿者三项。图 4－3 表示三种休闲方式类型的整体表现情况，结果显示：大学生参加三种类型的休闲方式频率均较低，处于偶尔参与水平。三种休闲类型相比较而言，大学生参与娱乐型休闲最为广泛，略高于学习型休闲，运动型休闲参与频率最低。总的来看，大学生参与休闲活动的频率均较低，如何提高大学生参与休闲活动的频率、促进休闲教育可持续发展具有较高的研究意义。

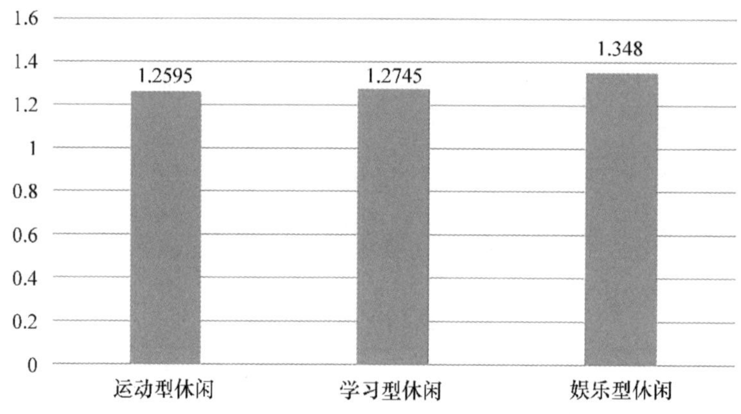

图 4－3　大学生休闲方式类型

图 4－4 表示 11 种休闲方式的具体表现情况，结果显示：上网/电脑/手机的得分最高，均值为 2.15，随着网络的日益发达，网络成为人们必备的休闲方式，成为大学生进行休闲娱乐的主要载体；其次是逛

街/散步/看电影，均值为1.64，该项娱乐方式需要花费的成本较低，符合大部分学生的身份特征。除此之外，其他的休闲方式的均值均小于1，得分较低，说明大学生参加的频率并不是很高，尤其是观看演唱会/歌剧/话剧/音乐会/相声演出等，该项休闲方式的成本较高，需要的休闲费用较高，而对于绝大部分大学生来说，休闲费用的来源主要是父母支持，用于休闲消费的费用并不高。

当访谈时被问道“平时都有什么活动?”，X高校的二年级A同学这样回答道：

“平时的活动还是挺多的，比如我参加了学校的羽毛球社团，现在也是学院学生会的工作人员，每天感觉忙忙碌碌，空闲的时候我们社团会组织大家看看电影，举办小型的羽毛球比赛。现在的密室逃脱、剧本杀游戏等休闲方式挺受欢迎的，我们也会经常参加。这些活动我还是能够负担得起的，其实我个人比较喜欢看舞台剧或者歌剧，出于个人消费水平有限，每个月也只能看一次，不过已经很奢侈了。”此时露出了“满意的”笑容。

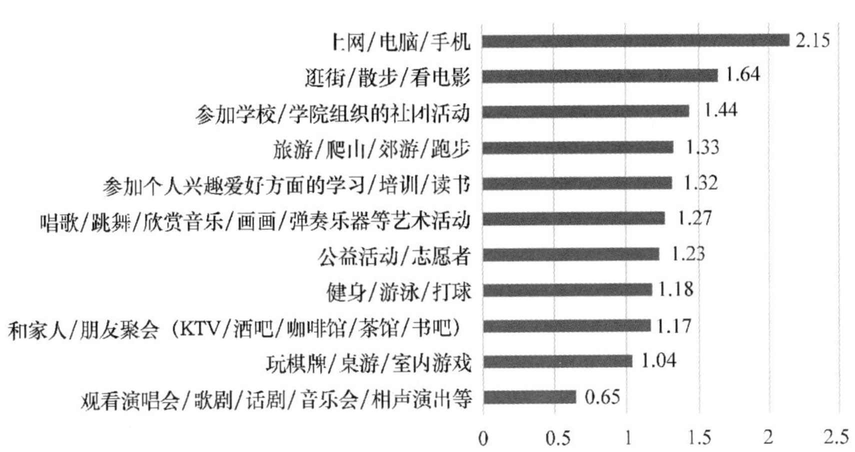

图4-4　大学生休闲类型的具体表现

随着信息时代的快速发展和深化，网络休闲不断延伸至大学生的日常生活。本书进一步对大学生参加的七种网络休闲方式进行了调研，图4-5显示，大学生上网听音乐的频率最高，均值为2.14；其次是上网聊天，均值为1.96。这说明大学生参与网络休闲的目的主要在于放松心情，缓解学业所带来的压迫感。上网玩游戏和参加自己感兴趣的网课两项休闲方式的得分较低，均值为1.33，玩游戏、参加网课学习等相比听音乐需要投入更多的精力，这说明大学生在选择网络休闲方式时，会考虑是否能带来身心的放松，调节心情等关键因素。

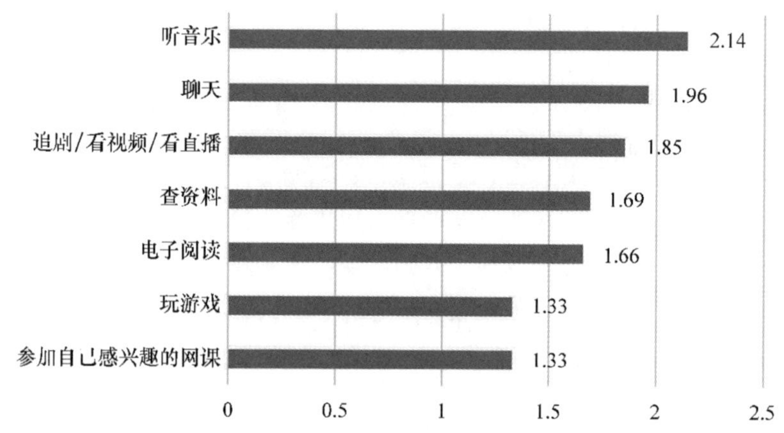

图4－5　大学生参与网络休闲方式的表现情况

第二，大学生休闲组织方式。本书也试图对大学生在参与丰富的休闲活动过程中，是结伴而行还是独自模式进行讨论，分别选取三种休闲方式中的个别选项进行调查，包括娱乐型休闲方式中“观看演唱会/歌剧/话剧/音乐会/相声演出等”和“逛街/散步/看电影”；运动型休闲方式中的“旅游/爬山/郊游/跑步”；以及学习型休闲方式中的“参加个人兴趣爱好方面的学习/培训/读书”“参加学校/学院组织的社团活动”“公益活动/志愿者”。主要是为了调查大学生参加休闲活动时的合作与交流情况。调查结果显示：首先，在娱乐型休闲方式中，有86.5%的大学生在“逛街/散步/看电影”的时候选择结伴而行，学生占比最高；有83.3%的大学生在“观看演唱会/歌剧/话剧/音乐会/相声演出等”的时候选择结伴而行。其次，在运动型休闲方式中，有81.5%的大学生在“旅游/爬山/郊游/跑步”的时候选择结伴而行。最后，在学习型休闲方式中，大多数学生选择独自参加，如有51.1%的大学生在“参加个人兴趣爱好方面的学习/培训/读书”的时候选择独自参加。

总之，调查发现大学生在参加娱乐型休闲方式时主要以结伴而行为主，而参加学习型休闲方式时主要以独自参加为主。

当访谈过程中被问道“您认为您和周围同学的休闲活动如何?”，X高校三年级的B同学谈道：

现在社会发展快，休闲活动种类越来越多，在刚进入大学的时候，我和周围的同学并不是经常参加休闲活动，主要以宿舍集体活动为主，比如说晚饭之后一块去散散步、遛遛弯，由于生活比较拮据，能拿出的零花钱也不是很高，选择的也是不怎么花钱的活动。记得在去年五一劳动节的时候，我们以宿舍为单位去爬了泰山，去济南转了转，感觉还是挺不错的，花得不是特别多。但是我发现进入大三之后，每个人的休闲活动发生了一定变化，现在集体活动也少了，可能大家面临考研或就业的压力吧，我在今年国庆报名了英语培训班，希望能够提升一下自己的英语水平，我心里清楚我周围的同学对英语不是很感兴趣，此时笑了起来，所以我就自己报名了。

第三，大学生休闲时长。通过大学生平时的休闲时间与假期的休闲时间两道题目来测量大学生休闲时长。结果显示：首先，大学生在学平时休闲时长方面，大多数学生休闲时间是每天两小时左右，学生占比达到35.3%，其次休闲时间是每天三小时左右，学生占比达到32.8%。休闲时间在一小时以下及五小时以上的人数较少。分别为9.1%和9.7%。这说明大学生每天休闲时间在两至三小时较为适宜。具体见图4-6。

其次，在大学生假期休闲时长方面，有48.4%的大学生每天的休闲时间达5小时以上，极少大学生假期每天休闲时间小于一小时，占比仅为2%。说明大学生在假期有更多的自由时间。具体见图4-7。

为了进一步了解大学生平时在校休闲时长与假期休闲时长的关系，通过对两者进行交叉分析，可以看出，学生占比最高的区间是休闲时间为每天三小时且周末或寒暑假的休闲实际为五小时，有651名学生；其次是学期中休闲时间为两小时且假期休闲时间为三小时，共计456名学生。平时休闲时间较多的学生假期的休闲时间也较多，大学生平时的休闲与假期的休闲具有较高的一致性。具体见表4-4。

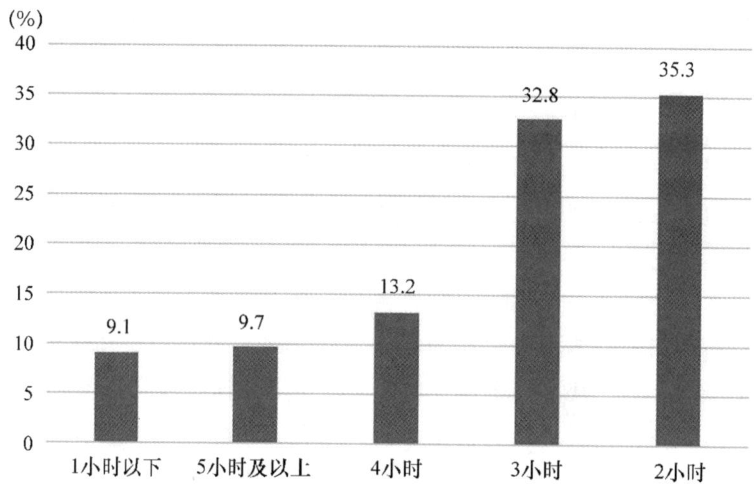

图4－6　大学生学期中休闲时长表现情况

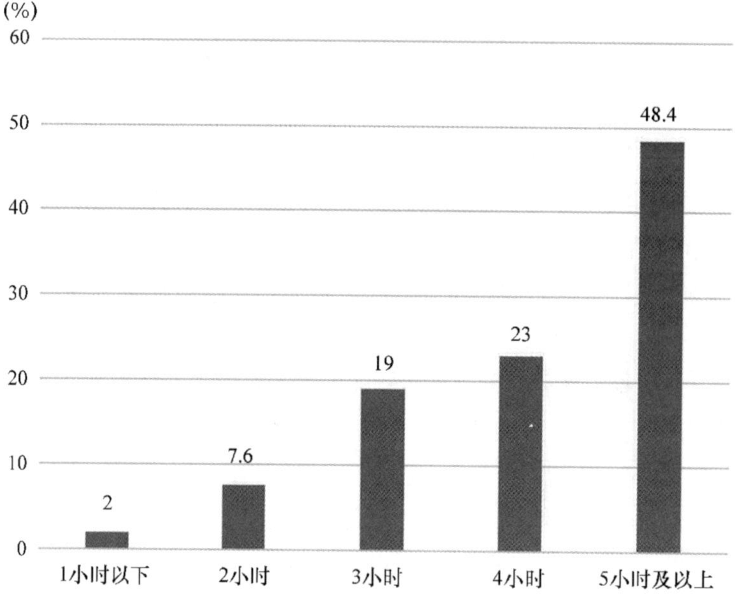

图4－7　大学生假期休闲时长表现情况

表 4－4　　大学生平时休闲时间与周末（寒暑假）休闲时间交叉表（每天）

		假期休闲时间					
		1 小时以下	2 小时	3 小时	4 小时	5 小时及以上	合计
平时休闲时间	1 小时以下	61	114	79	24	52	330
		18.5%	34.5%	23.9%	7.3%	15.8%	100%
	2 小时	9	147	456	357	316	1285
		0.7%	11.4%	35.5%	27.8%	24.6%	100%
	3 小时	4	13	140	387	651	1195
		0.3%	1.1%	11.7%	32.4%	54.5%	100%
	4 小时	0	2	11	64	404	481
		0.0%	0.4%	2.3%	13.3%	84.0%	100%
	5 小时及以上	0	2	6	5	341	354
		0.0%	0.6%	1.7%	1.4%	96.3%	100%

3. 大学生休闲与学生发展

考虑到学生发展的内外影响因素的复杂性，本书暂且不涉及学科教学领域，所以，笔者选择了两个维度来调查分析以学生发展为研究视角的大学生休闲，即大学生身心健康发展以及大学生的学校满意度；其次具体分析大学生休闲与两维度之间的具体关系，试图探索大学生休闲与学生发展之间的关系机制。

第一，大学生身心健康的总体表现。以身体健康状态和心理健康状态作为衡量学生发展的代理变量。通过对大学生身体和心理健康两个维度的调查来看，当代大学生身心健康处在较好水平。有 25.7% 的学生表示自己的身体状态非常好，42.8% 的学生表示自己的身体状态处在好的水平，仅有 0.8% 的学生认为自己身体非常差。从心理健康状况来看，有 33.8% 的大学生表示心理状态非常好，仅有 1% 的学生表示心理状态非常差，39% 的学生认为自己心理状态处在好的水平。具体见图4－8。

此外，通过对比大学生身体健康状态和心理健康状态的总体均值得分情况：0＝非常差；1＝差；2＝一般；3＝好；4＝非常好，可以看出：

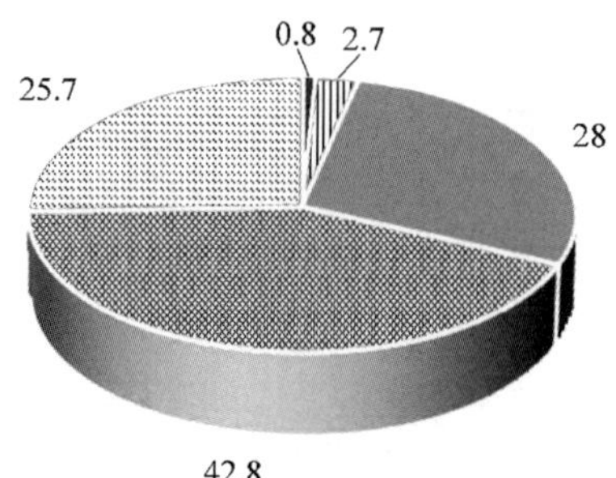

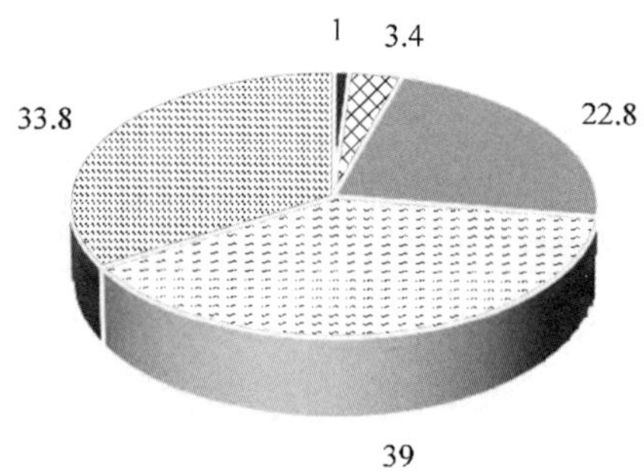

图4－8 大学生身心健康表现情况（%）

身体健康状态和心理健康状态得分均接近3，说明大学生身心健康处在较好的水平，其中心理健康状态要略好于身体健康。笔者认为这可能是现在高校对心理健康发展的重视度不断提高的结果。具体见图4－9。

第二，大学生学校满意度的总体表现。通过对大学生的校园经历来测量学生对学校满意度情况，采用五点计分法测量：0＝完全不符合；1＝不太符合；2＝中立；3＝稍微符合；4＝完全符合，得分越高表示学生的学校满意度越高。结果显示：大学生学校满意度的总体均值为2.67，这说明所调查的大学生学校满意度处在较高水平。其中，大学生在“我在学校感觉不错”上得分均值为2.75，完全满意的学生占比是22.6%；大学生在“我在学校的学习生活很顺利”上的均

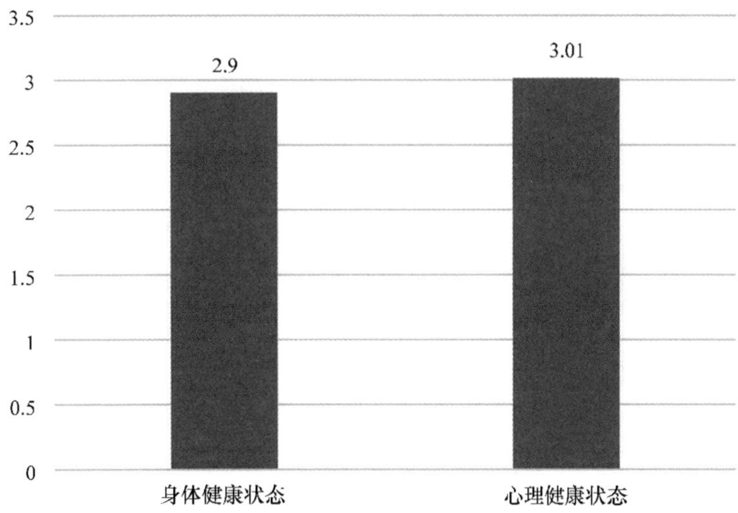

图4－9　大学生身心健康状态得分情况

值是2.7，有20.8%的大学生表示完全满意，这说明大学生在校期间拥有良好的学习环境；研究发现在所有题项中，大学生在“学校满足了我的需求”的得分较低，这可能说明高校提供的条件没有达到现有学生的需求水平，需要通过改善条件，来提升大学生的学校满意度。具体结果见表4－5。

表4－5　**大学生学校满意度表现情况**

题项	完全不符合	不太符合	中立	稍微符合	完全符合	均值
1. 我在学校的学习生活很顺利	1.5%	6.0%	34.5%	37.2%	20.8%	2.7
2. 我在学校感觉不错	1.7%	5.7%	31.5%	38.5%	22.6%	2.75
3. 学校满足了我的需求	2.3%	9.1%	34.5%	35.7%	18.4%	2.59
4. 我在学校感觉舒服	1.9%	7.9%	33.7%	36.1%	20.4%	2.65
5. 总之，我对我在学校的日常生活感到满意	2.1%	6.8%	32.9%	37.2%	21.0%	2.68
学校满意度	2.67					

为了更加明晰大学生学校满意度各方面之间的相关关系，利用相关分析发现：所有选项之间均存在显著的高度正相关性，具体来说："我在学校的学习生活很顺利"和"我在学校感觉不错"的相关系数为0.849，其中 $p<0.01$，这说明大学生学习生活顺利也是大学生对学校感觉不错的先决条件，在很大程度上影响着大学生对学校的主观感受，二者呈显著正相关；"我在学校的学习生活很顺利"和"学校满足了我的需求"的相关系数为0.766；"我在学校的学习生活很顺利"和"我对我在学校的日常生活感到满意"的相关系数为0.774。这几项充分说明了学校对学生需求的满足程度、学校创造舒适的学习生活条件在很大程度上影响着大学生对校园生活的主观感受，学校创造的条件越优越，大学生对学习生活的感受越良好。具体结果见表4－6。

表4－6　**大学生学校满意度相关检验结果**

题项	1. 我在学校的学习生活很顺利	2. 我在学校感觉不错	3. 学校满足了我的需求	4. 我在学校感觉舒服	5. 总之，我对我在学校的日常生活感到满意
1. 我在学校的学习生活很顺利	1				
2. 我在学校感觉不错	0.849**	1			
3. 学校满足了我的需求	0.766**	0.825**	1		
4. 我在学校感觉舒服	0.776**	0.852**	0.859**	1	
5. 总之，我对我在学校的日常生活感到满意	0.774**	0.832**	0.802**	0.844**	1

注：*、**、*** 分别表示在10%、5%、1%水平上统计显著。

第三，大学生休闲时长与身心健康状况。在对大学生休闲分析的基础上，进一步讨论大学生休闲对学生发展和学校满意度的影响。选取休闲时长作为大学生休闲的代理变量，选取大学生身体健康状态和心理健康状态作为学生发展的代理变量。本书假设：大学生休闲时长与大学生身体健康状态和心理健康状态之间存在显著相关关系；大学生休闲时长和大学生学校满意度之间存在显著相关关系；大学生身体健康状态和心理健康状态与学校满意度之间存在显著相关关系。具体见图 4 – 10。

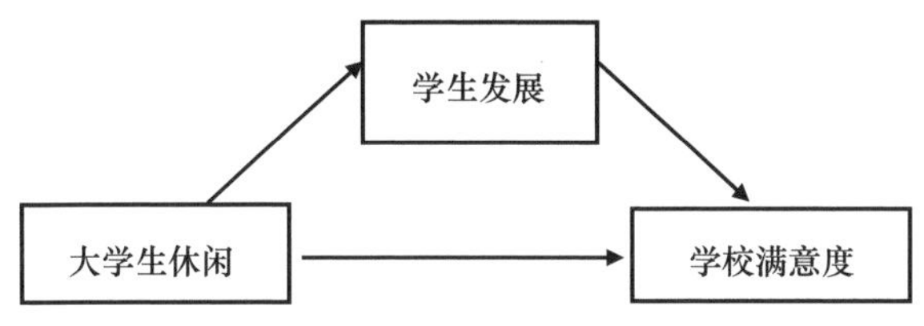

图 4 – 10　大学生休闲对学生发展影响模型

大学生休闲时长与身体健康状态的表现情况如图 4 – 11 所示：横坐标表示大学生休闲时长，纵坐标表示学校满意度。结果表明：在大学生休闲时长与身体健康状态表现方面，大学生身体健康状态随着休闲时长的增加呈现先递增后递减的态势，当大学生休闲时长在每天两小时，其身体健康状态表现最好，得分为 2.97，当休闲时长达到每天五小时及以上时，其身体健康状态表现最差，得分为 2.78；在大学生休闲时长与心理健康状态表现方面，同样大学生心理健康状态随着休闲时长的增加呈现先递增后递减态势，当大学生休闲时长在每天两小时，其心理健康状态表现最好，得分为 3.08，当休闲时长达到每天四小时，其身体健康状态表现最差，得分为 2.89；从大学生休闲时长和总体的身心健康状态的表现来看，大学生休闲时长在每天两小时，其身心健康状态表现最好，得分为 3.03，当休闲时长达到每天五小时及以上，其身体健康状态表现最差，得分为 2.84。研究发现：大学生休闲时长可能与学生发展呈现“倒 U 型”关系。

第四，大学生休闲时长与学校满意度。通过相关性检验发现大学生的休闲时长与学校满意度并不存在显著的相关关系。这说明，当大学生休闲时长在发生变化时，学生对学校的满意度不会发生显著的变化。具体见表 4 – 7。

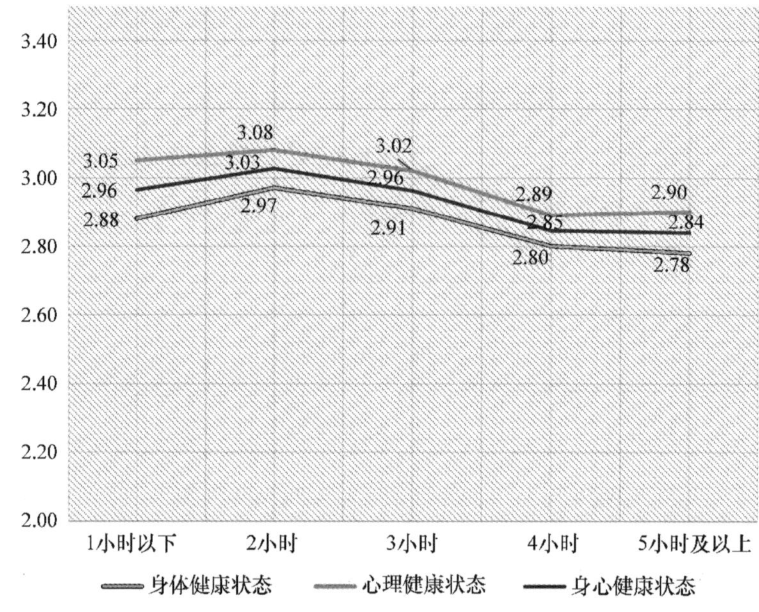

图 4－11　大学生休闲时长与身心健康状态的表现情况

表 4－7　　**大学生休闲时长与学校满意度相关检验结果**

	休闲时长	学校满意度
休闲时长	1	
学校满意度	－0. 032	1

第五，大学生休闲对学生发展的影响。为了进一步分析大学生休闲对学生发展是否存在影响，以问卷中的“您的身体健康状态如何?”和“您的心理健康状态如何?”两个题目作为衡量学生发展的代理变量，同时对大学生学校满意度的影响因素进行分析。具体结果如下：

大学生休闲对学生身体发展的影响结果见表 4－8 的模型 1。以身体健康为因变量，如前所述，大学生休闲时长与学生身心发展呈“倒 U 型”关系，因此将大学生休闲时长和休闲时长平方项为自变量，进行多元线性回归分析。首先，在控制了大学生的性别、年级、专业、生源地、是否独生子、父母双方最高学历等背景变量后，依次将自变量休闲时长以及休闲时长平方项纳入模型 2，结果表明：大学生休闲时长对大学生身体健康状态没有显著的影响作用：$\beta = 0.053$，$p > 0.05$；休闲时长平方项对大学生身体健康状态产生显著的负向影响：$\beta = -0.117$，$p < 0.05$，这可能说明大学生休闲时长与身体健康状态呈非线性关系。其次，通过控制变量的影响系数来看，只有不同的年级和专业之间的学生存在显著差异，其他变量均未产生显著影响。具体来说，与大一学生群体相比，大三和大四学生的身体健康状态要显著降低，这可能是大三和大四学生群体已经处在大学阶段的后半程，学校适应力和社会适应力要比新生高，参加的休闲活动更为丰富，投入大量休闲时间影响其身心健康的发展；与文史类专业学生相比，艺体类学生的身体健康状态要显著降低，这可能与专业类型有关，艺体类专业的学生要参加更为丰富和文体活动，投入的身心精力要更多，对身体健康的损害也比较高。

大学生休闲对学生心理健康状态的影响结果见表 4－8 的模型 2。以心理健康状态为因变量，将大学生休闲时长和休闲时长平方项为自变量，进行多元线性回归分析。首先，在控制了大学生的性别、年级、专业、生源地、是否独生子、父母双方最高学历等背景变量后，依次将自变量休闲时长以及休闲时长平方项纳入模型 2，结果表明：大学生休闲时长对大学生心理健康状态没有显著的影响作用：$\beta = -0.016$，$p > 0.05$；休闲时长平方项对大学生身体健康状态也未产生显著影响：$\beta = -0.015$，$p > 0.05$。当身体健康为因变量时，自变量休闲时长和休闲时长平方项的回归系数一正一负，验证了前面的研究假设，大学生休闲时长与学生发展呈“倒 U 形”关系。其次，通过控制变量的影响系数来看，不同的年级之间存在显著差异，其他变量均未产生显著影响。具体来说：与大一学生群体相比，大三和大四学生的心理健康要显著降低，这可能与面临的学业负担和就业压力有关。

大学生休闲对学校满意度的影响结果见表 4－8 的模型 3。以心理健康状态为因变量，将大学生休闲时长和休闲时长平方项为自变量，进行多元线性回归分析。首先，在控制了大学生的性别、年级、专业、生源地、是否独生子、父母双方最高学习等背景变量后，依次将自变量休闲时长以及休闲时长平方项纳入模型 3，结果表明：大学生休闲时长对大学生学校满意度没有显著的影响作用：$\beta = 0.062$，$p > 0.05$；休闲时长平方项对大学生身体健康状态也未产生显著影响：$\beta = -0.098$，$p >$

0.05。其次，通过控制变量的影响系数来看，不同的年级之间存在显著差异，大一学生的学校满意度要显著高于大三学生，这可能是由于对于刚进入大学生活的新生来说，脱离了高中乏味的学习生活，是体验丰富有趣的大学休闲生活的真实反映。

表4-8 **大学生休闲与身体发展的多元线性回归分析结果**

变量	模型1	模型2	模型3
	身体健康状态	心理健康状态	学校满意度
自变量			
休闲时长	0.053	-0.016	0.062
休闲时长平方项	-0.117*	-0.015	-0.098
控制变量			
性别（参照组=女）	-0.018	0.011	-0.015
年级（参照组=大一）			
大二	-0.020	0.001	-0.022
大三	-0.068***	-0.059***	-0.036*
大四	-0.043*	-0.044**	0.022
专业（参照组=文史类）			
理工类	0.006	0.011	-0.006
艺体类	0.033*	0.015	0.029
生源地（参照组=农村）	0.001	0.022	0.006
是否独生子（参照组=非独生子）	0.012	0.010	0.022
父母最高学历（参照组=初中）			
高中	0.005	-0.004	0.005
中专	0.013	-0.003	-0.003
大专	0.019	0.007	0.006
本科	0.014	-0.027	0.016
研究生	0.020	-0.044	0.011
调整后的R方	0.9	0.8	0.2
ΔR方	0.05	0.04	0.02
F值	3.212	2.890	1.402

注：*、**、***分别表示在10%、5%、1%水平上统计显著；回归系数均做标准化处理

4. 大学生休闲的影响因素

通过问卷中设置的大学生关于制约休闲活动的看法，来测量大学生休闲的影响因素，共有21个选项，采用李克特5点积分法：0=完全没影响；1=较少影响；2=有影响；3=较多影响；4=影响非常大，得分越高说明该选项影响学生休闲的程度越大。首先，通过因子分析对休闲的影响因素进行降维归类，选取特征值>1，采用最大方差法进行因子旋转，结果显示：KMO值为0.955，巴特利特球形检验的近似卡方值为57808.627，显著性小于0.000，因此符合因子分析标准，最终提取了三个公共因子。所选取的前三个公共因子的累计方差贡献率为66.389，意义在于前三个公共因子可以解释所有指标中66.389%以上的信息，故将前三个公共因子作为反映二十一个指标的综合评价指标。测试题目具有良好的结构效度，因子分析摘要见表4－9。其次，测试检验显示量表的内部一致性检验的克隆巴赫α系数为0.955，其中，公共因子F1维度的α系数为0.935，公共因子F2维度的α系数为0.901，公共因子F3维度的α系数为0.887，测试题目具有良好的信效度。

具体来说，从表4－9中我们可以清晰地看出，公共因子F1由八个项目构成，分别是“20. 距离休闲活动地点过远”“21. 缺乏交通工具”“16. 休闲公共设施不足”“17. 休闲环境复杂、安全感不足”“15. 休闲设施陈旧”“19. 参加人员过多”“18. 参加过程中失去兴趣”和“14. 休闲活动信息匮乏”。在得出的结果中，这些项目主要体现了休闲活动场所或地点。因此，将公共因子F1命名为“休闲环境”。

公共因子F2由六个项目构成，分别是“10. 与其他活动参与人关系不和”“12. 没有人邀请”“9. 没有人做伴”“11. 同学中，相同爱好的人过少”“13. 担心别人的看法”和“8. 家人/朋友不支持”。这些项目主要体现了大学生休闲活动中的人际关系情况。因此，将公共因子F2命名为“人际关系”。

公共因子F3由七个项目构成，分别是“3. 休闲活动没有吸引力”“1. 对休闲没有兴趣”“2. 缺乏休闲活动的技能”“5. 休闲活动花费过多”“6. 没有多余的钱进行休闲活动”“4. 学业过重、没有休闲时间”和“7. 身体素质受限”。这些项目主要体现大学生自身对休闲活动的支撑条件。因此，将公共因子F3命名为“自我支持。”

表 4 - 9　　休闲影响因素的因子分析摘要

题项变量及题目	F1	F2	F3
20. 距离休闲活动地点过远	0.816		
21. 缺乏交通工具	0.785		
16. 休闲公共设施不足	0.727		
17. 休闲环境复杂、安全感不足	0.7		
15. 休闲设施陈旧	0.698		
19. 参加人员过多	0.681		
18. 参加过程中失去兴趣	0.652		
14. 休闲活动信息匮乏	0.592		
10. 与其他活动参与人关系不和		0.771	
12. 没有人邀请		0.736	
9. 没有人做伴		0.724	
11. 同学中，相同爱好的人过少		0.72	
13. 担心别人的看法		0.652	
8. 家人/朋友不支持		0.637	
3. 休闲活动没有吸引力			0.766
1. 对休闲没有兴趣			0.741
2. 缺乏休闲活动的技能			0.736
5. 休闲活动花费过多			0.684
6. 没有多余的钱进行休闲活动			0.657
4. 学业过重、没有休闲时间			0.645
7. 身体素质受限			0.522
特征值	11.148	1.548	1.246
解释变异量（%）	24.5	21.6	20.289
累计解释变异量（%）	24.5	46.1	66.389

通过因子分析已经明确大学生休闲影响因素由三部分组成，包括：休闲环境、人际关系和自我支持。通过图 4 - 12 可以清楚地了解大学生休闲影响因素的表现情况，其中大学生在自我支持维度得分最高，均值为 1.7013；其次是休闲环境，均值为 1.6332；而人际关系得分最低，

均值为 1. 4222。大学生休闲的影响因素总体得分为 1. 5855。这说明首先大学生自身主观因素对大学生参与休闲的制约最大，其中休闲活动没有吸引力又是制约大学生主观参与休闲活动的最大影响因素。因此为大学生设计休闲活动时，要多考虑大学生的兴趣爱好以及其因自身条件限制参与休闲活动的可能性。

其次，在休闲环境中，距离休闲活动地点过远以及随之所引起的缺乏交通工具等因素，较大地限制了大学生参与休闲活动。建设休闲活动场所时要充分考虑场所的地点是否处于交通便利地区，大学生是否可以安全、快速地到达活动场所。

最后，大学生的人际关系也在一定程度上影响着大学生参与休闲活动的可能性，和谐、融洽的人际关系往往使大学生更加愿意参与休闲活动。有相同爱好，选择同样的休闲活动，更容易培养高质量的友谊，促进良好的人际关系。

总而言之，大学生是否参与休闲活动首先要从其自身基本条件考虑，当大学生具备了参与休闲活动的支撑条件时，往往会对休闲活动场所的客观条件进行判断选择。而与周围建立的人际交往关系也会对其是否参与休闲活动产生一定影响。

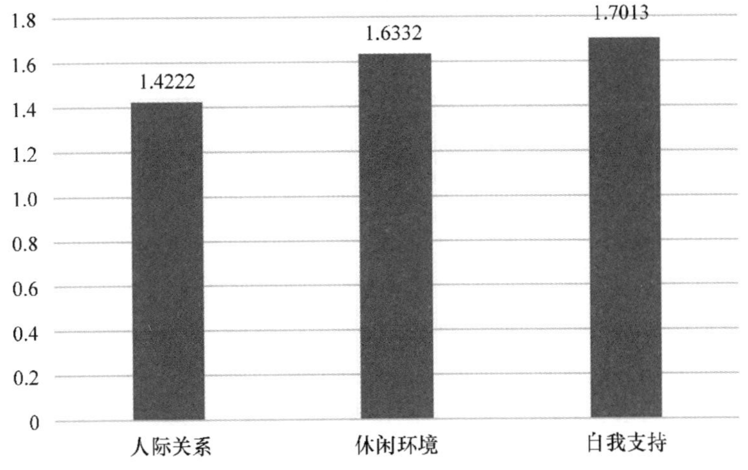

图 4－12　大学生休闲的影响因素表现情况

5. 大学生休闲教育实证研究

第一，关于大学生休闲活动的满意度。通过三个方面来对大学生的休闲活动满意度进行测量，采用五点计分法：0 = 完全不满意；1 = 不满意；2 = 基本满意；3 = 满意；4 = 完全满意，得分越高表示大学生休闲活动的满意度越高。结果表明：大学生对休闲活动方式的满意度最高，均值为 2.41。这说明大学生对休闲方式介于基本满意与满意之间，对休闲方式还有较大的改进空间；其次是对休闲活动的效果满意度较高，均值为 2.36；而满意度得分最低的是休闲时长，均值为 2.32。这说明休闲活动效果和休闲时长的提升空间较休闲方式更大，应重点提升休闲效果，改善休闲时长的安排。具体见图4－13。

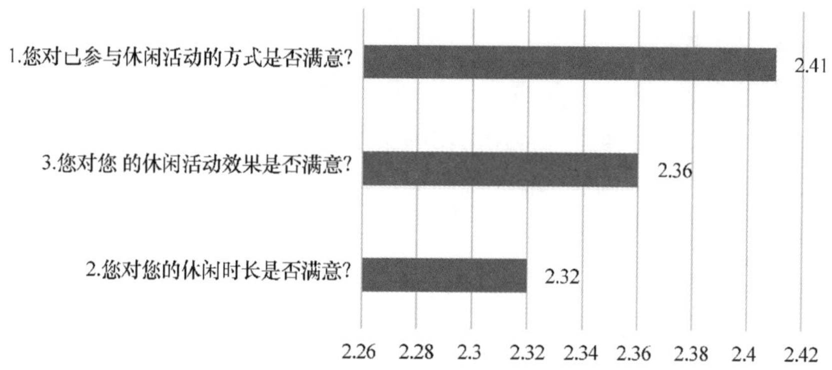

图 4－13　大学生休闲活动满意度表现情况

此外，为了更加清晰大学生休闲满意度各方面之间的相关关系，利用相关分析发现：三者之间均存在显著的正相关，具体见表 4－10。其中，休闲方式满意度与休闲时长满意度相关系数为 0.769；休闲方式满意度与休闲效果满意度相关系数为 0.836；此外，休闲时长满意度与休闲效果满意度相关系数为 0.810，这说明休闲方式满意度、休闲时长满意度、休闲效果满意度三个变量间两两相互影响，且某一因素得到较大地提升，都会给其他因素带来显著提升。

表 4 - 10　　　　大学生休闲活动满意度相关分析检验结果

题项	1. 休闲方式满意度	2. 休闲时长满意度	3. 休闲效果满意度
1. 休闲方式满意度	1		
2. 休闲时长满意度	0.769 **	1	
3. 休闲效果满意度	0.836 **	0.810 **	1

正如在访谈时被问到“您对自己的休闲是否满意？如果不满意，哪些不满意？”，Y 高校的 C 同学：

总的来说，休闲活动确实丰富了我的课余生活，我觉得休闲活动对调节心情、缓解学业压力非常有帮助，我为此也参与了许多不同类型的休闲活动。有足球队，篮球社团，平时还和同学去 KTV。休闲活动还是比较丰富多样的，我比较满意。但同时休闲活动也在一定程度上占用了我的一部分学习时间，有的时候同学找我一起逛街，唱 KTV。碍于情面，我又不得不去。而且我并不知道什么样的休闲活动是适合我的，有的时候参加这些休闲活动带给我的效果并不那么尽如人意。我有时尤其是假期的时候会参加很多的活动，还花很多钱，想要放松放松，但是我觉得这反而会影响我开学后的学习状态。某种程度上，我并不知道如何控制休闲时长来取得比较好的效果，还有如何选择适合我的休闲方式我也不是非常了解。

在被问及自己和周围同学的休闲活动如何时，Y 学校四年级的 D 同学：

我们的休闲活动方式还挺多的，平时大家都有空的时候会一起出去吃饭，唱 KTV，一起参加兴趣社团等等，但是我们都很担心参加过多的休闲活动是否会对自己的学习产生影响，如何把控休闲活动时长，一直困扰着我们。我不是很清楚休闲活动究竟是我们成长的助推器还是一把双刃剑，唉。

那么您为改善休闲都做过什么调整呢？

最初，我休闲的方式就是放假时窝在家里打游戏，好不容易有时间了，想好好放松放松，后来觉得总打游戏也挺没意思，想着找身边的好伙伴一起出去吃吃饭，逛逛街什么的。再后来总觉得一直这么无所事事有点不忍心，就找了个 Python 课上。怎么说呢，休闲的方式随着我对于休闲的认知的改变而改变，当我认为这一阶段的活动并没有让我很放松，会觉得浪费时间，我就会调整一下，但我其实也并不十分清楚这样的调整是否真的有利于我的学习和成长。

第二，关于高校大学生休闲教育实施。通过问卷中设置的大学生对休闲教育的看法来测量休闲教育，共有七个选项，采用李克特 5 点积分法：0 = 完全没必要；1 = 没必要；2 = 不确定；3 = 有必要；4 = 完全有必要，得分越高说明高校内部越有必要实施休闲教育。通过因子分析对休闲的影响因素进行降维归类，采用最大方差法进行因子旋转，提取两个固定因子数，结果显示：KMO 值为 0.904，巴特利特球形检验的近似卡方值为 19096.086，$p < 0.001$，因此符合因子分析标准。所选取的前两个公共因子的累计方差贡献率为 79.37%，意义在于前两个公共因子可以解释六个指标中 79.37% 以上的信息，故将前两个公共因子作为反映六个指标的综合评价指标。测试题目具有良好的结构效度，因子分析摘要见表 4 – 11。其次，检测检验量表的内部一致性克隆巴赫系数为 0.915，其中公共因子 F1 克隆巴赫系数为 0.922，公共因子 F2 克隆巴赫系数为 0.714，测试题目具有良好的信度。

从表 4 – 11 中我们可以清晰地看出，公共因子 F1 由五个项目构成，分别是“4. 学校与社会机构联合举办非营利性休闲活动，由学生自由选择参加”“6. 提供休闲活动场所，保证良好休闲环境”“3. 以学校或学院范围举办多种类休闲活动”“5. 通过校方参加校际间大学生休闲联盟”和“2. 通过班级微信群或公众号发布各类相关休闲信息”。在得出结果中，这些项目主要体现了休闲教育的实施和保障。因此，将公共因子 F1 命名为“休闲教育过程保障”。

公共因子 F2 由两个项目构成，分别是“7. 休闲教育评价对学生设置考核体系”和“1. 成立多种形式的休闲活动小组，由学生自由选择，相关老师定期参与引导”。这些项目主要体现了大学生休闲活动中的引导和考核。因此，将公共因子 F2 命名为“休闲教育引导评价”。

表4-11　　大学生休闲教育因子分析摘要

题项变量及题目	F1	F2
4. 学校与社会机构联合举办非营利性休闲活动，由学生自由选择参加	0.883	
6. 提供休闲活动场所，保证良好休闲环境	0.869	
3. 以学校或学院范围举办多种类休闲活动	0.817	
5. 通过校方参加校际间大学生休闲联盟	0.754	
2. 通过班级微信群或公众号发布各类相关休闲信息	0.7	
7. 休闲教育评价对学生设置考核体系		0.929
1. 成立多种形式的休闲活动小组，由学生自由选择，相关老师定期参与引导		0.624
特征值	3.644	1.912
解释变异量（%）	52.06	27.31
累计解释变异量（%）	52.06	79.37

通过图4-14可以清楚地了解大学生休闲教育的整体实施现状，其中休闲教育过程保障得分最高，均值为2.6566，这说明在休闲教育体系中，切实落实休闲教育是大学生最为关切的问题；而休闲教育引导评价维度得分较低，均值为2.2672，这从侧面说明休闲教育尚未有一套完善的标准体系，大学生对休闲教育尚未有全面深入的了解。

为了进一步了解休闲教育的具体实施情况，本书对各项表现情况进行了排序，结果如图4-15所示：在高校实施休闲教育时，“提供休闲活动场所，保证良好休闲环境”是最有必要的，均值为2.85，这说明休闲教育的客观因素是大学生最为看重的；其次是“学校与社会机构联合举办非营利性休闲活动，由学生自由选择参加”，均值为2.71，这说明大学生对休闲教育的方式也较为看重。得分最低的是“休闲教育评价对学生设置考核体系”，均值为2.1，这反映了休闲教育尚未建立一套完整的教学体系，学生也并不愿意将休闲教育作为学业考核的负担。

在访谈中被问及“您认为高校休闲教育存在的必要性如何?”时，

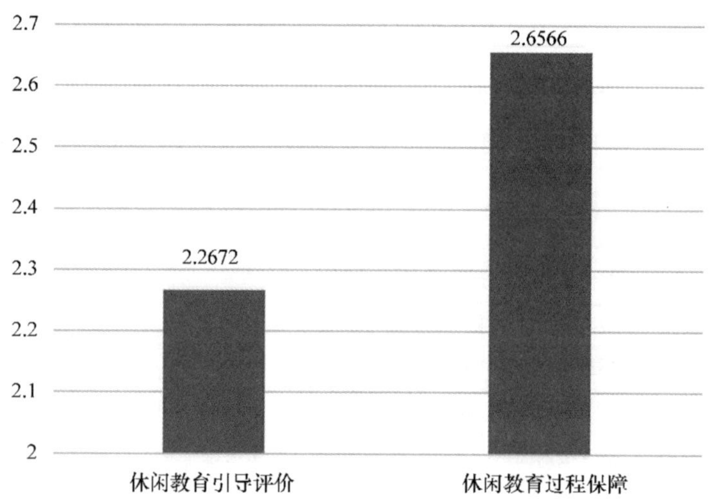

图 4－14　大学生休闲教育表现情况

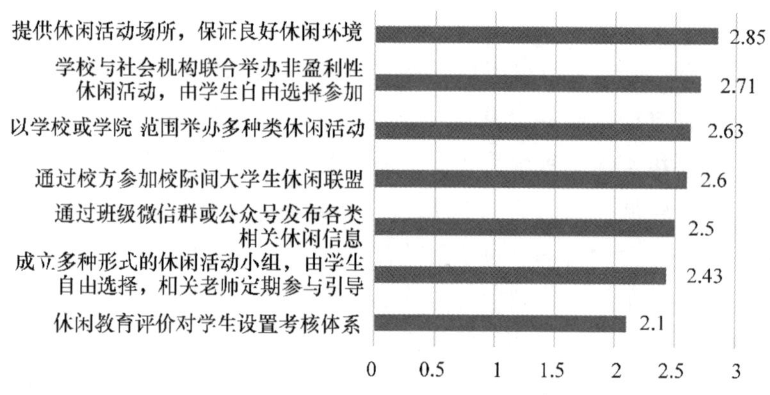

图 4－15　休闲教育实施的表现情况

Y 高校的 G 院长：

现在全球范围内的教育管理者都在思考一个问题就是“如何进行教育改革使得学生既能高效地取得学业成果，又能得到个人的全面发展”，教育正在以前所未有的变革速度抛弃传统的死记硬背、固定套路。我认为休闲教育是全新的、先进的教育形式，在不同层次类型的高校设置不同形式的休闲教育是必要的。随着科技创新和产业结构的转型，高校培养人才的目标也正在由量变向质变过渡，学校中只顾闷头低效学习、窝着玩电脑冲浪，这在一定程度上不利于课余时间学生身心健康发展。从我们学校来看，休闲教育正处于“爬坡”阶段，整体处在建设初期，有些老师对休闲教育的认识尚不深入，甚至没听说过休闲教育。而学生们虽然每天都在参加各式各样的休闲活动，但没有形成科学认知，因此营造的整体休闲教育环境还存在各种不足：休闲形式单一、院校联动机制不健全、没有合理的针对性的考核指标等。总之，高校内实施休闲教育是十分必要的，但任重道远！

在问到休闲教育最重要的是哪方面的问题时，G 院长：

所谓休闲教育核心便是以学生为中心，旨在促进学生全面发展。我们开设休闲教育就是要让学生在繁忙的学习生活外，放松身心，缓解压力。但这一切都是为了让学生有更充沛的精力投入学习中去，这与休闲的初衷并不矛盾。大学生的首要职责依然是学习，休闲教育是一种很好的辅助手段，让学生在轻松、愉快的环境中成长，营造一个良好的积极的学习氛围。所以开展休闲教育关键是要把控休闲的“度”，让学生明白休闲在何种程度上才能更好地促进其健康发展，而不是过度休闲放松而荒废学业。此外，建立一个高效的院校联动机制是关键，休闲教育形式也要多样，院校联动可以很好地丰富休闲教育的形式，更加调动大学生参与的积极性。

那么，您认为开展休闲教育的难点是什么呢？

我认为开展休闲教育最大的难点在于目前大多数学生对于休闲教育的了解不多，很多学生认为所谓休闲教育就是教人如何娱乐，有点不务正业的意味。对休闲教育的曲解导致大家参与休闲教育的积极性低。此外，很多学生认为休闲是自己的事，自己采用什么方式休闲由自己决定，学校凭什么把大家集中在一起，教大家如何休闲呢？有点被束缚的感觉。

可见，消除大家对休闲教育的曲解是一个迫不及待要解决的问题。

休闲教育还应该体现在休闲参与的主动性、休闲方式的健康性、休闲时长的合理性等方面，需要进行合理引导，调查结果显示在大学生对休闲教育实施的认知中，部分学生并不认为需要辅导员引导，对此我们分别访谈了两位辅导员老师，X 高校工作 6 年的女辅导员 M 和 Y 高校工作一年的女辅导员N，访谈问题是："您认为高校辅导员在休闲教育上应该做些什么?"两位老师对该问题的回答各具新颖之处。其中，M辅导员：

高校辅导员作为高校学生基层工作的领导者，在促进学生身心健康发展方面要起到引领作用，当前教育改革的重点任务之一就是创新人才培养模式，建设培养一批德、智、体、美、劳全面发展的人才。在我从事辅导员工作的几年时间里，我深深体会到，大学生从紧张的高中生活中解放，很多学生沉迷于电子游戏，逃课、挂科，甚至荒废学业。一部分学生将休闲当作了大学的主旋律。开展休闲教育是十分必要的，高校辅导员也应做好引导学生休闲的工作。如今很多大学生还对休闲教育了解很少，如何使学生平衡好休闲与学习两者之间的关系是接下来要着重考虑的问题，这需要高校辅导员发挥指导、协助职责，与学生成为一个命运共同体，切实为学生全面发展所考虑，未来在高校广泛开展休闲教育需要我们辅导员发挥桥梁纽带作用。建立家校社协同育人的机制，还有很长的路要走。

在被问及"大学生的休闲生活与学生成人成才成功之间的关系是怎样的?"，N辅导员：

有丰富的学识对于成才来说固然很重要，但人不可能总处于工作状态，合理地平衡休闲和工作学习之间的关系尤为重要，休闲教育就是教人如何通过休闲活动更好地促进人全面发展，只有利用好休闲活动，调节身心，使自己处于更佳的学习生活状态，才能更快取得成功。

您认为在休闲教育上，作为辅导员和专任教师应该怎么分工和合作呢?

辅导员相比专业教师更加关注学生的日常生活，休闲教育就是在日常生活中开展。辅导员要充分发挥好引导、沟通的职责，与学生建立相互信任、融洽的关系，辅导员是学生成长的好伙伴。专任教师更多的是引导学生掌握休闲技能，但适时开展游戏活动，寓教于乐，也可以帮助学生加深对学习的理解。辅导员也应与专业教师多沟通协作，辅导员多在休闲教育的形式上创新，专任教师在开展休闲教育教学上有着更多的经验技巧，二者有着良好的互补作用，充分利用好二者之间的优势，将休闲教育的作用最大化。

第三，关于实证研究的讨论。本书在已有的有关大学生休闲、大学生学校满意度及休闲教育的研究基础之上，编制了《大学生休闲教育调查问卷》，对当代大学生休闲的表现情况以及休闲与学生发展之间的关系，在此基础上，基于学生发展的视角，探讨大学生休闲对学生身体健康状态、心理健康状态以及学校满意度的影响，为高校大学生休闲教育的科学实施提供支持。

在大学生休闲行为的表现方面，大学生休闲动机处在较高水平，其中大学生参加休闲主要注重人际交流和缓解自我压力，这在一定程度上是学生心理发展诉求的反映，符合当代大学生的身份特征和行为特征；大学生休闲费用处在中等水平，且不同学生群体之间存在较大差异；大学生拥有丰富的休闲方式，其中娱乐型休闲类型表现要好于学习型休闲类型和运动型休闲类型，且绝大多数大学生主要选择“结伴”休闲组织方式；大学生休闲时长主要集中在每天两小时、三小时。

在大学生休闲与学生发展的表现方面，大学生身心健康状态良好，心理健康状态要稍好于身体健康状态；大学生休闲时长和学生发展之间存在非线性关系，呈现“倒 U”形，高校学习生活中有利于学生身心发展的最佳休闲时长为平均每日两至三小时。

在大学生休闲的影响因素表现方面，主要由休闲环境、人际关系和自我支持三大方面组成。自我支持对大学生休闲的影响要大于人际关系对大学生休闲的影响，这也符合休闲的前提是自由选择。

最后，大学生对休闲活动满意度一般，其中对休闲方式满意度要高于休闲活动效果和休闲时长。显而易见的是，影响休闲活动效果的因素，除了休闲条件、休闲技能还有诸如休闲组织等。通过高校改善休闲条件，为大学生提供休闲教育与组织休闲，以期提高大学生对休闲活动的满意度。

第二节　大学生休闲存在的问题及休闲障碍分析

调查结果不但显示出了大学生休闲状况的变化，也显示出了大学生休闲的问题。长期忽视大学生休闲生活的问题，无法释放的压力有可能成为影响身心健康的因素，有时甚至严重影响其他人。高校休闲教育要认识到大学生中存在学业与休闲矛盾的普遍性与客观性，寻找解决办法。

一 休闲认知功利主义倾向相对突出

本次调查结果显示，大学生休闲现状虽然有所改善，但仍然能看出一些大学生们对休闲价值认识不足，缺乏认真休闲的态度，试图用学业过重当作借口来回避休闲生活中遇到的问题。大学生每学年的休闲时间超过 100 天，如果继续把休闲时间用于“学习”，那么大学生活将成为高中生活的复制和延长。中国教育部门已经充分考虑到学生的学习与生活时间，为大学生提供充足的时间参加各种活动。正是因为没有正确的休闲认知，才会出现一些大学生用于“无效休闲”的时间多于“积极休闲”的现象。从调研情况来看，大学生休闲的障碍体现在学业紧张，相关性得分最高为 2. 94，其次是休闲费用受限为 2. 82 和对休闲不感兴趣为 2. 79。根据大学生的真实休闲时间和课程安排，学业的紧张程度理应远小于高中时期，不应存在缺少明确的休闲动机。学业过重、没有休闲时间和休闲活动花费过多，这三项休闲障碍因素归因于大学生对休闲价值认识不足。

大学生对于休闲认知的功利性思想普遍存在，表现形式呈现两极化倾向：一是求知的过程过于功利，不论是对求知的掌握方式还是知识的内容，对于知识缺少真正的求知精神，关注的不是追求真理，而是掌握知识需要花费的精力和时间。“学习改变命运”这一想法被曲解为通过学习达到“跃层”或是通过学习快速致富，只要能成绩好，才会获得“有保障”的工作，就拥有了成功的人生。“读书考学就业论”的形成，将学习加重了功利主义色彩。[①] 近年来，“猝死”的年龄越来越低，时常也会出现在大学生群体，除去疾病因素，大多是休闲习惯和生活习惯不佳长期积累导致的。

另一极端是花费大量的自由时间忙于学业和休闲以外的事情，追求个人享受而忽视休闲对个体生命的意义。“活着一天就要享受一天”

---

① 邓辉平：《大学生学习功利化的心理机制及其对策》，《当代教育理论与实践》2010 年第 2 期。

“都读到大学了，该好好玩了”“读书无用论”等偏激的看法，对大学生追求学业和休闲都是无形的障碍。对于休闲与学习的价值不能做出理性判断，是产生功利性思想的主要原因。此外，高校针对大学生的学科成绩评优活动，一定程度上导致了大学生之间又不得不进行竞争，这也会让大学生变得冷漠，与自我疏离。“空心”是教育功利性竞争最突出的后果。缺乏远大理想和志向，在残酷的竞争中，即使是胜出者，也或有罹患心理疾病的可能。① 应对大学生心理健康问题，增加休闲行为与内化运动动机，能够促进积极幸福感提升，心理烦恼和疲劳感减弱，进而改善青少年的抑郁状态。② 有针对性地参加一些其他令人愉悦的休闲活动，都会促进大学生的心理健康发展。

另外，调查结果显示，大学生中有 49.47% 的人对“休闲没有兴趣”，对于休闲本质的认识存在严重偏差。伊索霍拉和魏辛格认为休闲意识的缺乏及其在生活中的潜力是导致休闲无聊的最重要的因素。他们认为休闲时间本身对许多人来说是一件消极的事情，因为它会导致无聊，或者，至少是没有发现休闲时间进而导致抑郁。其次，缺乏休闲意识，再加上糟糕的休闲态度和高尚的职业道德，是休闲无聊的最重要因素，这反映了休闲对健康的影响是心理上的。③ 与本调查中的其他结果比较，未显现出大学生对休闲的排斥，因此，对“休闲没有兴趣”应是大学生们对休闲客观的无奈顺应。至于休闲意识，大学生们普遍忽略了休闲带给他们的是人生完整度、人格健全度和全方位的精神滋养。

二　休闲情感不稳定问题普遍存在

休闲情感是人对客观事物是否满足自己的休闲需要而产生的态度体验，人们对休闲生活的不同感受，会产生不同的休闲情感。休闲情感能激发人们的休闲欲望和行为动机，休闲情感不稳定的人，休闲生活往往是贫乏、无聊的，缺乏自觉、积极和始终如一的态度，难以维持性地关

---

① 王学：《教育功利性取向的德性反思》，《南京师大学报（社会科学版）》2021 年第 2 期。

② 王梦阳：《青少年运动行为对抑郁倾向的影响：基于动机和主观体验的中介效应》，《体育与科学》2021 年第 6 期。

③ John. T. Haworth, *Work, Leisure and Well - being*, Routledge and CRC Press, 1997, p. 137.

注和有效选择有利于身心调节的活动。从调研情况来看，大学生休闲情感不稳定，主要表现在自由时间不能合理分配利用而产生的休闲碎片化的心理矛盾与困惑上。英国教育家斯宾塞早在 1864 年就预见过休闲时间利用对于良好休闲情感形成的重要性——现在我们到了一个人类剩下的一个范围，包括闲暇时间消遣和娱乐的那个范围……到了自然的力量已经完全被人征服供人使用，到了生产的方式已经达到圆满地步，到了劳动力已经节约到最高程度，到了教育以及安排得当，能比较迅速地为较重要的活动做好准备，到了因此而有大量增加的闲暇时间，那是艺术和自然中美的东西就很合理地在所有人的心中占很大地位。① 斯宾塞关于闲暇时间里的艺术和自然中美的东西，又直接指向休闲教育对休闲情感培养的意义：人们安排好休闲所需要的条件，一是为生活所满足的充足的物质准备；二是生产力发达的程度已经到了人不需要为了劳动投入过多精力的地步；三是为教育已经准备了充足的时间；最后一点是因为以上三点的完成而拥有大量的休闲时间，进而生活中美好的东西进入人心。

国家统计局组织开展的第二次全国时间利用调查“2018 年全国时间利用调查公报”显示，居民一天中自由支配活动平均用时 3 小时 56 分钟。其中，男性 4 小时 13 分钟，女性 3 小时 40 分钟；城镇居民 4 小时 10 分钟，农村居民 3 小时 33 分钟；工作日 3 小时 40 分钟，休息日 4 小时 34 分钟。居民自由支配活动的参与率为 90.8%。② 随着科技信息化的普及，高科技融入人们的生活，突破了传统的时空划分，使得工作与生活中的时间打破了原有的传统时间模式，大学生的学习生活结构也继而发生变化，休闲时间被分散在几个时段，致使一些大学生的学习和休闲不再边界清晰。比如，自由时间进行休闲活动时，有时会被其他事情打断，接下来迫使放弃休闲，或是即使可以继续休闲，但又想着其他事情，没办法全身心投入到休闲中去。

碎片化休闲集中表现在不能合理科学安排自由时间上。大学生通常

① ［英］赫伯特·斯宾塞：《教育——智育、德育和体育》，王占魁译，人民出版社 1962 年版，第 30 页。

② 国家统计局：《2018 年全国时间利用调查公报》，中华人民共和国中央人民政府 2019 年 1 月，http：//www. gov. cn/xinwen/2019 - 01/25/content_ 5361065. htm，2022 - 1 - 25。

更加关注学习时间的安排，却容易忽略了合理安排休闲时间，导致浪费大量的休闲时间。还有一些大学生认为高中紧张学习的状态终于结束了，只要保证及格的成绩，就可以自由选择随心所欲的“玩”。对于休闲时间与学习时间的重新分配，大学生迫切需要重新根据自身的休闲认知和休闲水平加以重新适应。特别是如今发达的互联网经济，排除上课等必须到场的事情，大学生都可以在宿舍待一天，也只是为了在宿舍发呆、打游戏、睡觉等对人生无意义的行为。大学生暂时还没有感受到工作、就业等压力，来自家庭的支持也足够大学生的日常生活开支，大部分是不需要兼职赚取生活费的，他们有大量的自由时间进行休闲，发展自我。从休闲的效果来看，诸如此类无意义的行为均属于无效休闲的范畴，这既不能实现自我发展也不能收获精神愉悦。这种呈现出的典型的碎片化休闲特征，在相当程度上反映出一些大学生的休闲情感处于一种不稳定状态，使得他们在自由时间究竟是用于学习还是用于休闲的问题上处于一种心理矛盾和困惑状态。

调查显示，由于目前相当一部分大学生的休闲情感处于一种不稳定状态，还没有真正找到适应自己特点的休闲方式，导致休闲生活处于一种无序化、碎片化、肤浅化状态，大部分自由时间用于在网络上看视频、看直播、追星和聊天。这些休闲方式广泛存在于大学生群体中，但是不应成为大学生的主要休闲方式，大学生应该有更具有文化元素并提高综合素养的休闲活动。大学生的休闲情感处于一种不稳定状态的原因是多方面的。从高校实际情况来看，虽然大学休闲环境和大学生休闲生活条件已经得到明显改善，但仍然不能满足大学生的休闲需要，校园休闲活动形式过于单一不能引起大学生的休闲兴趣。特别是高校休闲教育不到位，缺乏对大学生休闲的有效引导。相对休闲情感不稳定的人来说，具有良好和稳定休闲情感的人能获得更丰富的休闲人生体验。因此，高校一方面要积极打造高质量的休闲环境，另一方面要切实加强休闲教育引导，促进大学生良好休闲情感的养成。

三　休闲行为泛娱乐化的现象比较严重

随着现代科学技术特别是互联网络和数字技术广泛应用于休闲领域，创造出有别于现实休闲空间的虚拟休闲空间，在极大丰富人们休闲生活的同时，也出现了一些不容忽视的问题，对于刚刚离开家庭开始大学校园生活，尚未完全走向社会的大学生来说，网络和虚拟空间信息庞杂且良莠不齐，增加了他们休闲选择的难度，网络虚拟休闲娱乐平台中存在的一些无底线、非理性、片面追求感官刺激的媚俗和泛娱乐化现象，也在一定程度上反映到大学生休闲生活之中。从大学生休闲生活的实证调研来看，网络休闲占用了他们大部分的休闲时间，使男生们多以游戏遨游网络，女生们则以追剧、聊天、刷微博等活动为主的休闲方式。虚拟的互联网世界弱化了个体直接的面对面交流，使其休闲活动处于一个相对神秘和封闭的虚拟空间之中，容易受到各种网络流行的虚拟文化现象的影响。

大学生网络虚拟休闲主要是通过“手机刷屏”进行的。特别需要指出的是，智能手机的使用是一把双刃剑，给大学生的学习带来便利的同时，也在改变着他们的生活。不论生活还是学习，手机已经成为大学生们必不可少的工具，而大学生们也一直处于和手机做“斗争”的状态，一边沉迷于手机刷屏之中，一边又时常处于自责、后悔的状态中。大量带有泛娱乐属性的移动端应用程序的娱乐平台，为追求经济利益而诱导着一些低俗、恶搞、自恋性等泛娱乐的东西随意刷屏传播，以致充足的休闲时间没有给予部分大学生充分投入高质量的休闲活动中，反而使他们带着压力感游走于手机带来的泛娱乐化之中，成为追求感官刺激的附庸。这种低俗的片面追求感官刺激的泛娱乐化的倾向，使一些大学生的休闲局限在一个狭隘浅薄的空间，很容易导致休闲体验庸俗化和休闲价值取向的扭曲，甚至失去对善与恶、美与丑的判别能力。

大学生休闲生活中存在的泛娱乐化现象，在一定程度上反映出了一些大学生休闲审美的缺失和休闲技能方面的匮乏，甚至导致一些大学生出现“手机依赖”问题，对大学生的身心健康造成了不良影响。曲杨等从大学生手机依赖与焦虑抑郁共病症状的关联研究手机依赖，通过实证研究得出需要干预措施预防心理健康问题的发生；[①] 段海丹等认为大

---

① 曲杨等：《大学生手机依赖与焦虑抑郁共病症状的关联》，《中国学校卫生》2021 年第 12 期。

学生隐性逃课更多的原因是无聊感与手机依赖。[①] 单纯依靠“管”堵，不如靠休闲“疏”通，大学生的休闲活动应当选择以具有高知识素养和文化基础的活动为前提，不仅要能够愉悦身心，还要提升文化品位。提升整个大学生群体的休闲意识与休闲能力，必须进一步优化高校休闲教育生态。通过休闲教育，帮助大学生补齐休闲认知与休闲技能的短板，养成积极向上的休闲品位和休闲方式。

四　休闲障碍排解能力明显薄弱

休闲障碍是个体参加休闲活动时遇到的阻碍休闲的因素，既有认知的障碍，也有来自现实休闲中的障碍。通过借鉴杰克逊关于影响人们参与休闲的制约因素发现：一种是对某些休闲活动的偏好喜欢的先验约束因素，包括对休闲活动信息的获取、社会性别角色等；另一种是影响人们从倾向选择的休闲活动向实际选择过渡发展的干预因素，包括可接近性、社会隔绝、个人原因、花费、时间和装备等。[②] 大学生的休闲障碍也来自这两种因素制约。大学生休闲认识障碍存在于对休闲的错误价值判断，来自客观现实的障碍涵盖自身、他人以及环境的多重因素。调查结果显示，大学生在参与休闲时，来自自身身体素质的影响大概45.37%；“家人/朋友不支持”占33.43%；“同学中相同爱好的人过少”占47.2%和“没有人做伴而放弃休闲”占48.29%，由此可见，大学生对于结伴休闲是有较高期待的；在朋辈间的交往中，有38.43%的大学生也非常看重同学之间的看法；休闲活动的环境也在大学生休闲的考虑范围，设备陈旧或是环境复杂的休闲都对大学生休闲产生负面影响；对于交通不便利的高校，交通因素也是大学生校外休闲的障碍之一。

休闲消费也被认为是休闲障碍的另一大因素。休闲消费的多少应与大学生的自我经济水平成正比，刘松等认为休闲消费是居民休闲活动参与的主要形式之一，它指的是人们通过购买休闲商品或服务以满足自身

---

① 段海丹等：《大学生无聊感与隐性逃课：手机依赖的中介作用》，《电化教育研究》2021年第10期。

② ［美］克里斯多弗·R. 埃廷顿等：《休闲与生活满意度》，杜永明译，中国经济出版社2009年版，第26页。

休闲需要的有偿消费活动。[①] 那么，大学生的休闲消费就是参加休闲活动期间，用以满足休闲活动而进行的休闲物质或服务的有偿消费。由于大学生还没有固定收入，因此日常的生活费限定了休闲费用的高低，而大学生的生活费来源基本分为三块：家长承担、上学期间的奖励和部分兼职工作。

调查中发现，每月生活费比较集中的是两个范围：801—1200 元/月占 37.2%；1201—1700 元/月占 37.2%，休闲消费集中在 101—300 元/月占 45.3% 和 301—600 元/月占 26.2%。根据麦克斯研究院公布的《对大学生生活费支出的调查与分析》和《2018 中国大学生网络生态和消费行为报告》，2007 年的大学生将生活费的 8.9% 用于休闲，而 2018 年，这个比例提高到了 34.1%。消费内容发生了极大的变化，饮食花费占比由 83.8% 降到了 43.9%。其中，形象消费、衣着与人际社交等三项是新增的消费项目。“爱美之心，人皆有之”的观点深入人心，大学生对于外在的形象早已脱离了简单统一化，期望追求个性定制化。随着中国旅游业的迅猛发展，“深度游”“小团游”等高品质的旅游产品对于大学生有着较大吸引力，网红餐厅、打卡胜地成为大学生们理想的休闲选择之地，但这些愿望往往要受到消费水平等休闲障碍的限制，致使一些大学生为了得到满足，采取一些诸如“校园贷”等危险方法。对于学生的休闲消费，共青团陕西省委课题组做过一个关于“校园贷”的调查。研究调查正在使用“校园贷”的大学生使用用途，竟然发现 88% 的大学生是用于娱乐消费，仅 35% 的大学生选择将贷款用于培训及购置学习用品。[②] 这充分说明，大部分申请了“校园贷”的大学生将贷款用于高消费，进行“超前消费”，而不是解决大学生基本生活困难。非法的“校园贷”正是利用了大学生的这一贷款诉求，进行炫耀式消费，乘虚而入，利用各种“噱头”骗取大学生信任，对大学生实施诈骗行为，侵害大学生的利益。

由此可见，大学生休闲障碍的影响因素是多方面的，身体状况、消

① 刘松等：《中国大陆与台湾地区居民休闲消费比较研究》，《湖北理工学院学报（人文社会科学版）》2021 年第 5 期。

② 共青团陕西省委课题组：《“校园贷”问题产生的原因及防范建议——陕西大学生“校园贷”调查报告》，《预防青少年犯罪研究》2018 年第 4 期。

费水平、人际关系都对大学生的休闲选择产生重要影响。相当一部分大学生休闲障碍一旦形成，又难以通过合理有效的方式进行化解，往往会在心理上产生或者依赖或者抵制等不良情绪，这既是目前一些大学生在休闲生活方面存在问题的重要原因，也是一些大学生出现孤僻、焦虑、抑郁、自我封闭等心理问题的重要诱因。

第三节　高校休闲教育存在的问题及困境

目前，中国休闲教育尚处在一个积极探索阶段，有待于向广度和深度不断推进，制约高校休闲教育发展的问题，既存在于观念认知方面，也存在于教育实践方面。观念认知方面主要体现在如何认识休闲教育在高等教育中的位置，休闲教育能否作为一个相对独立的教育要素纳入高等教育体系等问题；教育实践方面则主要表现在学科建设、课程设置和教学模式能否适应高校休闲教育发展要求。这些问题相互交织，成为制约目前高校休闲教育进一步向深度和广度发展的重要原因，致使一些高校在推进休闲教育上处于“上下两难”的尴尬境地。只有深入分析和研究目前中国高校休闲教育上存在的问题和原因，才能进一步增强高校休闲研究的针对性，为积极推进休闲教育提出切实可行的对策建议。

一　教育主体责任缺位

从高等教育管理体制上来看，教育主管部门和高等院校是高校休闲教育的实施主体，承担着指导和规划高校开展大学生休闲教育的重要责任。从目前的情况来看，虽然有关教育主管部门事实上已经把休闲教育的内容作为大学生素质教育的一部分融入高等教育的相关教学体系中，但并没有明确提出在高等院校普遍开展休闲教育的问题，没有一个着重推进大学生休闲教育的针对性文件和政策措施，更缺乏一个高校休闲教育发展的长期规划。由于从国家层面上没有一个实施高校休闲教育的统一要求，各高校的大学生休闲教育处于一个各自为战的状态。相当一部分高校对休闲教育重视程度不够，对于在大学生中开展休闲教育处于“可有可无”的犹豫状态，即使已经开展休闲教育的高校也存在着缺乏系统规划和系统推进的问题。具体到高校教学管理部门，休闲教育究竟由哪一个教学管理部门具体承担主体责任，也没有具体明确的规定，以致出现“无人管无人问”的现象。高校休闲教育主体责任缺失，政策措施不到位，休闲教育就难以顺利开展，这是目前高校休闲教育面临的主要困境之一。

这一问题及困境的存在相当程度上反映了当前高校管理部门对休闲教育认知出现的偏颇。相当一部分人认为目前高校开设的思想政治教育等一系列课程已经覆盖了大学生素质教育的相关内容，没有必要把休闲教育作为素质教育的内容进行单独强调。大学生休闲生活属于日常生活，是学工部门的工作范畴，已经纳入了大学生日常管理之中，没有必要动用过多教育资源。休闲教育在高等教育中究竟应该处于什么样的位置，有没有必要在大学生中全面进行系统化的休闲理论与实践教育，在这个根本问题上尚没有形成统一的共识。

除了思想认知方面的原因之外，目前高等院校教育体制上的问题也在一定程度上制约着休闲教育的广泛深入开展。高度集中管理容易形成一种由上至下的惯性，上级主体责任缺位必然会造成下级主体责任缺失。即使高校本身认识到了休闲教育的重要性，但受整个高校教育管理体制中这一惯性的影响也难以使其顺利开展。从这一意义上，高校休闲教育的顺利推进，首先取决于教育主管部门能否切实转变观念。事实上，无论从社会需要还是大学生需要看，高校休闲教育不应该再是一个“应该不应该”的问题，而是一个“推进不推进”的问题，教育主管部门和高等院校应切实承担起休闲教育的主体责任，把休闲教育作为全面提高大学生素质的重要内容，明确提出高校休闲教育的目标任务，认真研究以什么样的教育模式纳入高校教育体系之中。

二　学科建设与专业设置滞后

学科建设和课程设置是高校休闲教育的基础性工作。美国学者伯顿·克拉克在他的《高等教育新论》一书中提出：学科包含两种含义：一是作为知识的“学科”，二是围绕这些“学科”而建立起来的组织。从作为知识的学科意义上来看，目前休闲教育没有作为一个独立学科纳入高校教育学科体系，而是作为一种素质教育渗透相关学科之中。但是，从休闲教育长期发展来看，应该明确其究竟应该主要归于哪个学科之中，对此目前还没有一个统一的认识，这也是高校休闲教育顺利开展需要解决的一个问题。从围绕“学科”建立起来的组织的意义上来看，无论是休闲教育渗透到哪个学科，都应该有个有效组织的问题，也就是说都有一个“学科”建设的问题。从目前高校休闲教育开展的实际情况来看，学科建设滞后除了学科归属问题之外，主要表现在休闲教育的“组织”能力的滞后。可以说，即使认识到大学生休闲教育的必要性，但如何进行休闲教育也要受到目前高等教育学科设置等因素的制约，以致休闲学科建设一直游离于高校学科建设之外。

学科建设通过专业承担人才培养这一职能而存在。目前，中国高校中的第一个休闲学博士点于 2007 年在浙江大学设立，2008 年秋季开始招生，休闲学博士点作为二级学科博士点，设置在哲学一级学科下，博士点主要依托浙江大学亚太休闲教育研究中心的科研团队。但是从大多数高校来看，在学科设置中并没有单列休闲学本科专业，只是依托体育学、管理学等一级学科下设置的专业，在休闲体育、旅游管理、酒店管理、会展经济与管理等原学科内容中再加入少量休闲教育的课程。

目前，全国共有 504 所高校有旅游管理本科专业，山东省内高校有 23 所高校有旅游管理本科专业；全国共有 238 所高校有酒店管理本科专业，山东省内高校有 10 所高校有酒店管理本科专业；全国共有 118 所高校有会展经济与管理本科专业，山东省内高校有 4 所高校有会展经济与管理本科专业；全国共有 118 所高校有旅游管理与服务教育本科专业，山东省内高校有 4 所高校有旅游管理与服务教育本科专业；全国共有 327 所高校有体育教育本科专业，山东省内高校有 17 所高校有体育教育本科专业；全国共有 327 所高校有社会体育指导与管理本科专业，山东省内高校有 14 所高校有社会体育指导与管理本科专业；全国共有 79 所高校有休闲体育本科专业，山东省内高校有 3 所高校有休闲体育本科专业。除了专业课的必修课，很多高校也设置了与休闲相关的专题讲座与选修课，比如华东师范大学的休闲导论课程已近 20 年。高校独立或是与其他组织合作成立了一些休闲机构，比如由浙江大学、世界休闲组织杭州市政府联合发起成立的亚太休闲教育研究中心；还有省级休闲研究机构山东大学休闲研究所。

由此可见，目前高校休闲教育学科和专业设置不仅处于一个相对无序的状态，而且主要是针对旅游管理、酒店管理、会展经济与管理、旅游管理等“社会休闲服务”专业的学生开展的一种职业教育，并不是为全面提高大学生素质而开展的普适性教育。作为全面提高大学生素质的重要组成部分的休闲教育，无论是在学科建设方面，还是在专业设置方面，都存在着一个严重滞后的问题。特别是由于高校本身的休闲教育主体责任不明确，导致在学科建设上主体责任不明确，面向大学生群体的普适性的休闲教育的学科建设和专业设置落到一个相对空白的境地。

三　教育内容和教育手段匮乏

目前中国高校休闲教育是纳入大学生思想政治教育等课程进行的，教学方式上多以休闲理论和知识的灌输为主，教与学之间以单向直线轨道运行，还没有形成良好的教与学之间的双向互动，更没有形成有关学科共同参与的应然状态。在教育内容上多是抽象的理论宣讲，缺乏教育内容的针对性和实效性。学校开设的一些有关休闲的讲座也主要集中在介绍休闲知识和休闲方法上，缺乏思想内涵。特别是教材作为高校休闲教育的基本要素，无论是采取单课教学模式，还是相关学科渗透式教学模式都离不开休闲教育教材建设的支撑。从全国高校休闲教育整体情况来看，目前既没有对大学生休闲教育内容的统一要求，也没有统一的教学大纲和统编教材，致使目前高校普遍采用的有关学科渗透式的休闲教育模式缺乏必要的教材和课程体系支撑，使之流于形式。

美国田纳西大学的课程设计和教学专家弗伦奇博士认为，设计课程知识和授课范围应该首先从三方面考虑：受教者需要知道的问题；教育从业人员想教给受教者什么内容或是在必学范围以外应该学的内容；受教者自发想学习的内容。这样考虑的原因是课程的供需平衡，可以提前将学生感兴趣的内容安排进课程大纲或课程计划。① 按照高校休闲教育

---

① ［英］J. 曼蒂等：《闲暇教育理论与实践》，叶京等译，春秋出版社1989年版，第246页。

对象大学生的特点，加强休闲学科建设特别是对课程设计进行科学规划，是当前推进休闲教育广泛深入开展的迫切要求。

表 4－12　**中国休闲教育课程设置**

休闲教育课程设置	教育内容	教育目的
理论部分	休闲概念辨析、深刻了解休闲的目的、意义	建立自我休闲价值观
	休闲教育概念辨析、深刻了解休闲教育的目的、意义、方法、途径	休闲教育知识储备
	了解休闲教育的意义	认识休闲的生活质量
实践部分	根据自我的兴趣爱好，参与休闲活动	提高受教者的休闲技能
	调节人际关系，提高合作质量	和谐关系

从表 4－12，可以看出，中国开展休闲教育的过程应该是渐进式的，分为理论与实践两部分整体推进。理论部分让受教者理解概念辨析是整个课程设置的基础，深刻理解休闲的概念，进一步区分休闲活动的类别，与自我的兴趣、爱好建立联系，并能够理解休闲与自我、社会三者之间的关系。受教者经过休闲教育能够形成各自正确的休闲价值观，以及确定个人休闲兴趣和范围，提升休闲活动的能力，收获良好的休闲效果。休闲教育的实践部分让受教者通过明确自我的兴趣爱好，沉浸于相关休闲活动中，通过实践提升休闲教育的兴趣，达到自我对休闲活动的预期。作为休闲教育者，还应当引导大学生在休闲教育的过程中，将建立良好的社会关系以及人际关系纳入个人的自我休闲规划体系。

中国高校休闲教育的实施处于发展阶段，应注重休闲教育实施的过程保障，丰富休闲教育的课程内容，提高大学生的休闲方式效果满意度；面向学校和社会机构以此营造良好的休闲环境和休闲氛围；设置科学合理的考核评价方式，引导学生树立科学健康的休闲观。休闲教育教育者的专业能力和专业素养对于休闲教育的效果也是至关重要的因素。休闲教育教育者应具备为受教者输出自我休闲价值观的能力，达到受教者领悟其观点的程度，教育过程并不是简单输出，让受教者直接复制教育者的休闲价值观，而是一个受教者接收、消化、吸收、反馈的过程；

可以为受教者提供咨询和指导休闲的机会，分辨出应当提前干预受教者休闲活动的时间，做出正确干预；根据不同课程，能够为受教者设计评价体系；有能力根据受教者的性格特点，培养能够有效参与休闲的受教者。

四 自我教育环节缺失

大学生正确休闲观的形成是一个潜移默化的过程，自我教育是高校休闲教育链条中的重要环节。高校学生社团既是大学生自我教育的重要载体，又是大学生自我教育的重要组织者。高校学生社团是由高等学校中有共同的兴趣爱好的学生们自愿组合创立的学生组织，经由学校批准后，按章程自主管理，在不影响大学生正常学业的情况下，自由开展有益于学生身心健康的活动，发挥特长，促进自身的成长。[①] 高校中的社团组织是大学生学校生活的重要组织，一直以来在高校大学生活动组织中占有重要位置。高校社团组织以共同的兴趣爱好吸引成员，为达到共同目标而聚到一起，组织相关活动。社团种类繁多，活动地点既可以是户外活动、也可以是室内活动，活动内容更是丰富多彩。社团组织的育人功能面向开展休闲活动的全体社团成员。大学生聚集于社团的前提就是因为相同的爱好或兴趣，这样不仅能提高参与休闲活动的积极性，还能促进社团组织培养休闲活动的休闲技能。正是高校社团具有的这些独特的特点，满足了其开展休闲教育的基本条件。

高校学生社团的基本任务是要积极开展方向正确、健康向上、格调高雅、形式多样的社团活动，丰富课余生活，繁荣校园文化，促进青年学生德智体美劳全面发展。[②] 社团组织在休闲教育中，不仅仅是休闲活动的载体，同时也是被赋予了育人功能的休闲教育载体。社团组织在休闲教育过程中起作用主要是通过组织休闲教育实践体验活动，培养社团成员的合作意识、自我认知能力。

实现高校社团休闲教育功能的途径之一是组织社团进行休闲活动。

---

① 冯昭昭：《大学生社团的价值研究》，博士学位论文，华中科技大学，2016 年。

② 团中央、教育部、全国学联联合印发：《高校学生社团管理暂行办法》出台，2016 年 1 月，http：//www. moe. gov. cn/jyb_ xwfb/s5147/201601/t20160113_ 227746. html，2022 - 5 - 3。

一方面高校社团组织区别于社会团体组织，成员年龄具有年轻化特点，国内多数高校通过学生自治自主管理社团，置身高校社团的大学生能更加了解同龄成员的需要，有益于提高高校社团质量，实现高校社团组织休闲教育的作用。高校社团宗旨是为丰富大学生的业余生活、针对学生们的不同需要提供可选择的课外活动，既有益于校园生活稳定，又利于处理好大学生发展过程与自我认识过程的关系，还有利于大学生的个人发展。高中时期的“填鸭式”教育模式已无益于大学阶段的知识获取，大学阶段的教育必须要与实践相联系，在社团组织的休闲实践活动中，掌握休闲教育的理论与方法。另一方面，高校社团活动存在的问题和弊端也是显性的，大学生社团的组织能力不强，休闲活动覆盖面窄，活动内容缺乏教育内涵，难以有效地组织大学生在休闲教育实践体验活动中实现自我参与、自我教育和自我提高。

中国高校学生社团逐渐发挥着其“第二课堂”的作用，也有越来越多的高校意识到引导学生充分利用好自由时间的重要性，但是也出现了很多社团组织难以维持的局面。高校社团组织作为休闲教育载体的现状，有以下不足：①学生社团责任不清，分工不明。大部分的学生社团人数众多，职位名目繁多，但是由于制定的社团目标与成员分工不清，造成了成员多，活跃成员不多的尴尬局面。责任分工不清造成社团凝聚力不够，也成为成员活动参与度低的重要因素。②社团组织初始设立目标不明确、没有建立清晰有序的组织架构。高校学生社团组建的初衷是将有共同爱好的大学生聚集在一起，通过参与活动，提升共同爱好的素养，而后期因为组织者缺乏共同提升的能力、责任担当、缺乏人格魅力，使得社团成员失去了参加的积极性，不能继续坚持参与，进而也影响了学生社团的发展，大部分社团组织活动由定期参与到不定期参与，最后发展到不组织活动而解散。③多数社团难以整合校内外的资源，促进学生社团的发展。获取校内外的资源，是学生社团得以维持和发展的有效途径，缺乏资源使得学生社团的发展受到严重制约。多数社团初始的建设目标不清晰，决定了无法争取更多资源。学生社团由大学生成立并组织活动，由于经验不足、沟通不畅等限制，也未能取得社团指导老师的有效指导；经过探讨大部分无疾而终的学生社团的原因，总结认为很多社团缺乏宣传学生社团，也没有努力争取利用校外的社区和公益组织。④缺乏合作激励机制。学生社团良性发展的基础是合作机制，没有建立合适的组织制度和文化，学生社团难以具有积极合作的团队精神。缺乏定期的学生社团交流，难以使社团之间、团员之间、社团与高校管理部门之间交流合作，难以更好的激发成员的集体荣誉感和个人荣誉感。

高校社团要实现其大学生休闲教育的功能与积极组织休闲活动的作用。首先，要加强高校指导，围绕休闲教育理念，有意识地成立休闲教育目标明确的社团。高校对社团组织的指导管理作用不可忽视，高校应对社团组织提供足够的休闲教育支持，跟进社团组织休闲活动调动大学生参与休闲和休闲教育的积极性，促进社团组织良性发展，避免社团休闲活动仅是大学生的普通“聚会”。其次，要善于整合校内外休闲资源。通过学校统筹安排，整合休闲教育相关专业教师；建立社团自己的休闲教育平台，与社会能够提供休闲教育资源的机构合作，利用各年级拥有的休闲时间制定休闲教育计划。最后，高校社团的前景与运行是否顺利与社团骨干的内外兼修的素养、注重和谐交往等人格魅力息息相关，这些特质会带动社团吸引社员并提升成员素质的效果。[①]

---

① 岑道权等：《学生社团骨干人格魅力的塑造》，《人民论坛》2010 年第 8 期。

第五章
推进高校休闲教育发展的对策建议

新时代的大学生，正处于实现中华民族伟大复兴的战略全局和世界未有之大变局两个大局中，他们是实现中华民族伟大复兴的接班人和建设者，新时代赋予了他们新的使命。只有成为德智体美劳全面发展的人，才能当好接班人和建设者。休闲教育是培养大学生德智体美劳全面发展不可缺少的教育元素，作为一项系统化、整体性的素质教育，需要结合大学生的休闲现状，构建理论与实践相结合的休闲教育体系。通过休闲教育，帮助大学生树立休闲价值观，养成良好的休闲情感和科学的休闲方式，促进大学生的自由全面发展。

第一节　夯实高校休闲教育主体责任

从价值取向上，高校休闲教育是一种素质教育、是一种创新教育、是一种个性全面发展的教育，把休闲教育作为提升大学生“生活质量”的基本方式、浸润精神世界的重要载体、促进大学生全面发展的有效路径，理应是高校休闲教育的应然样态。但是受社会发展阶段等多方面因素的影响，一些高校对休闲教育认识不足、重视不够，以致使休闲教育处于一种可有可无的尴尬状态。一些高校组织的休闲教育活动，也仅仅局限于满足大学生在校的文化娱乐生活，具有明显的功利主义色彩。社会休闲是人的一种生活方式和人生状态，休闲教育则是一种帮助人们如何认识自我、享受生活、完善人生的教育。高校休闲教育的目的就是要帮助和引导大学生树立正确的休闲态度、养成健康的休闲生活方式、提升休闲审美能力、丰富精神世界、实现自我价值，更好地享受生活、享受人生。高校休闲教育的滞后，在一定程度上甚至是制约了大学生的健康发展。高校休闲教育存在问题和困境的一个重要原因，在于对休闲教育的重要性必要性缺乏应有的认知，从而导致主体责任不清、目标任务不明。因此，加强高校休闲教育，首先要转变思想观念，将休闲教育作为全面提高大学生素质、实现全面发展的人生教育，明确教育的目标责任，使休闲教育真正纳入高校教书育人的体系之中。

一 建构高校全过程休闲教育责任体系

休闲是人们在生活中，长期持续保持的一种生活方式、一种可以通过休闲教育，不断优化的生活状态。休闲教育不仅能引导大学生升级健康的生活方式，还能帮助大学生提升审美能力、帮助自我释放压力以及与他人相处的能力。大学生休闲是贯穿大学生活全过程的一种生活，休闲教育同样是贯穿大学生活全过程的一种教育，大学生休闲生活涉及大学生活的方方面面，休闲教育同样涉及大学教育的方方面面。在一定意义上来讲，人们休闲生活是一个人综合素质的体现，因此，高校休闲教育不能简单地理解为培养大学生休闲技能的教育，而是高校大思政教育领域的一种素质教育，其本质是为促进大学生自由全面发展的教书育人的范畴。这一本质属性决定了高校休闲教育不是高校一个部门的工作任务，而是需要高等教育各部门密切配合、合力完成的工作任务。

加强高校休闲教育，首位就是要从大学生休闲生活和休闲素质教育全过程出发，转变休闲教育的思想认识，明确休闲教育责任分工，建立休闲教育联动机制，形成休闲教育合力。正如前面分析高校休闲教育存在困境时所述，目前教育主管部门虽然就全面加强高校思想政治工作、提高大学生素质、活跃大学生生活等方面出台了一系列政策措施，事实上已经将休闲教育内容纳入大学生思想政治和素质教育之中，但尚没有进一步明确提出在大学生中加强“休闲教育”的命题，同时也缺乏专门针对休闲教育的指导性文件，在这相当程度上影响着高校休闲教育的深入开展。因此，强化高校休闲教育的主体责任，首先要强化教育主管部门的主体责任。各级教育主管部门应从事关大学生自由全面发展的高度，进一步明确高校休闲教育在全面提高大学生素质中的地位和作用，切实把休闲教育纳入高校教书育人体系之中，针对大学生休闲生活和高校休闲教育的实际，拿出切实可行的政策措施。只有这样，才能使高校休闲教育成为各类高等院校“名正言顺”的一项工作。建构高校休闲教育责任体系，具体落实到每个高校来说，就是按照高等教育人才培养的目标要求，建立高校党委负总责、思政和学工部门为主体、后勤部门为保障的全过程素质教育责任体系。这是休闲教育促进大学生自由全面发展的本质要求，也是把休闲教育贯穿大学生活全过程的系统性原则的体现。

1. 高校党委负总责

中共中央办公厅印发的《关于坚持和完善普通高等学校党委领导下的校长负责制的实施意见》指出，中国高校全面实行党委领导下的校长负责制。校党委讨论决定有关学校改革发展及教学中的事项和制度，并负责领导高校的思想政治工作和德育工作。因此，高校党委承担总揽全局的责任，是高校思想政治工作和大学生素质教育的第一责任人。高校党委作为高校发展决策的组织，从教育全局来看，能够更高效地实现将休闲教育纳入高校教育体系。高校党委要把加强高校休闲教育作为高校思想政治工作的重要抓手纳入议事日程，结合大学生休闲实际情况，制定出切实可行的休闲教育规划，及时研究和解决休闲教育中存在的问题。高校党委站在高校全局的层面，具有高效协调校内各部门的优势，从高校休闲教育目的出发，基于高校休闲教育全局制定休闲教育实施办法，从实际出发，解决休闲教育在高校中遇到的问题，将高校休闲教育切实落实到高等教育中。高校党委在高校休闲教育过程中，要通过强化各部门责任、明确各部门分工，整合多方面休闲教育资源，形成休闲教育合力。

2. 思想政治和学工部门为主体

高校休闲教育目标是促进大学生的全面发展，属于思想政治教育工作的重要范畴，理应成为高校思政和学工部门的一项基本任务。高校思政和学工部门要切实肩负起休闲教育主体责任，将休闲教育融入思想政治教育之中。休闲教育是使大学生学会健康的休闲，通过培养良好的休闲习惯，养成健康的生活方式，而做好大学生日常管理的学工部门也应将其作为日常化的工作渗透到大学生的生活管理之中。大学生休闲生活是活生生的现实生活，思政和学工部门将休闲教育纳入自己职责任务之中，能够使日常思想政治教育更加具有鲜活化特点，更加生活化具体化，一方面使思政教育更加贴近学生生活，提升了思政教育对学生的亲和力和吸引力，另一方面促进了大学生养成健康的休闲习惯和正确的休闲价值观。思政和学工部门在高校中负责大学生思想教育和日常管理工作，具有全面了解大学生的休闲生活情况、把握大学生休闲态势的有利条件，应该更好地担负起上通下达的责任，将休闲教育落到实处。因此，思政和学工部门要正确认识休闲教育的重要性，根据大学生休闲教育的要求，做好休闲教育内容设计和相应的活动安排，切实担负起大学生休闲教育的主体责任，保证全校休闲教育活动的顺利开始。

3. 后勤工作为保障

高校的后勤部门是负责高校的后勤管理，提供后勤保障服务的工作部门。大学生的思政教育工作要求将立德树人的根本任务贯穿到三全育人的始终，高校后勤部门的工作关乎着大学生的生活保障和质量，必然承担着育人过程中的重要工作。在以大学生全面发展为目的的休闲教育开展的过程中，后勤部门要密切配合大学生休闲教育工作，建设维护好大学生休闲活动的场所，制定与大学生休闲教育要求相适应的使用和活动规则，发挥休闲娱乐场所和休闲活动的育人功能和作用。高校后勤部门作为高校育人体系中的重要部分，理应将立德树人贯穿服务育人工作，完善育人体系，达到树人育人的目标。大学生休闲生活离不开一定的物质条件和物质载体，为大学生配置适合的休闲设施，以及休闲设备的养护都被列入后勤部门的工作职责中，所以说，高校后勤部门是休闲教育的重要保障部门，为高校休闲教育提供基本物质保障的同时，还要将休闲教育的目标与高校的校园建设相结合，提供与休闲教育相关的交互式多媒体教学设备。

二 确立高校休闲教育目标任务

中国教育发展目标是培养中国特色社会主义合格的建设者和接班人。与义务教育相比较，高等教育的核心问题是为建设社会主义强国培养人才，而人才培养的关键是促进人的自由全面发展。我们要围绕促进人的自由全面发展，为建设社会主义强国培养人才，科学确定休闲教育的目标任务。

1. 确立正确休闲观念

社会休闲观是人们对休闲的总的认识和看法，回答的是为什么休闲和怎样休闲的问题。人们的休闲观决定着人们对休闲行为的选择，有什么样的休闲观就会选择什么样的休闲方式。因此，加强高校休闲教育的第一要务，就是要帮助大学生树立正确的休闲观。任何社会占主流地位的休闲观都是由这一社会占主导地位的思想意识形态决定的。因此，帮助大学生树立正确的休闲观，必须将休闲教育与社会主义核心价值观教育有机结合起来，突出解决好大学生们的休闲行为选择和社会责任相统一的问题。

休闲作为人们工作学习之外利用闲暇时间自我选择的活动，具有高度的自由选择性。随着市场经济的发展和人们生活水平的提高，人们的休闲欲望得到空前释放，社会休闲形态发生着前所未有的变化，现代高科技创造出的拟人化的休闲业态有着极大开放性和包容性，在扩展着人们休闲活动自由度的同时，也极大增加了人们对休闲方式自由选择的难度。特别是人们在虚拟休闲空间中以虚拟的身份自由选择休闲角色，形成了与现实生活不尽相同的虚拟自由。虚拟休闲自由反映到大学生群体的现象，最常见的就是以“泛娱乐化”为主的休闲观，获取的信息经常被明星私生活、网游、社会“吃瓜”等事件充斥着，各视频平台也是推出一分钟内的短视频来吸引大学生的注意力，对于大学生来说，最大的弊端就是失去了健康休闲的能动性，并极大地消耗了自身的理性思考力。

如果不能正确地认识和把握这种虚拟休闲自由，很可能会影响大学生对现实生活中社会责任的认知，甚至出现把休闲自由变成自由放任的现象。因此，离开社会责任谈论休闲自由，错误地将休闲自由认为是随心所欲的绝对自由，失去社会责任的约束，难免会造成人们社会休闲观的扭曲和错乱。帮助大学生树立正确的休闲观，就是要帮助大学生正确处理休闲自由与社会责任的关系，使大学生认识到人们的休闲生活是社会生活的一部分，休闲不仅是个人意义上的自我选择的生活，更是社会意义上的人生体验，休闲生活中的自由与责任就是现实生活中自由与责任，从而实现休闲自由与社会责任的有机统一。

人们休闲观的外化形式就是人们社会休闲活动中表现的休闲态度。休闲态度是个人基于对休闲的理解而做出的判断，表现为是否喜欢休闲、对休闲的认可度的高低以及对休闲具有的预期。彼尔德认为个人在参与休闲活动时表现的反应就是休闲态度，其包含了个人对休闲的知识与信念、喜恶程度和感受，以休闲活动参与的行为倾向。[①] 休闲主体的年龄、职业、性别、健康状况等现实状况都可以成为休闲态度的影响因素，而决定性因素是休闲主体的休闲价值观。因此，加强休闲教育，除了促进大学生正确休闲观念的养成外，还应该重视大学生的个人休闲喜好的变化，有针对性地进行教育引导工作。

2. 培育良好的休闲情感

休闲情感是人们对休闲生活是否满足自我需要而产生的具有倾向的态度体验。是一种休闲过程具有的稳定性的需求和爱好倾向。休闲情感体现的是人们“对休闲的期待是什么”。一方面，休闲情感与人们的人生观和休闲观都有着密切联系，能够提升自我发展的休闲就是对个体有益的休闲，随之会生成好的休闲情感；阻碍个体自我发展的休闲就是无益的休闲，随之就会生成阻碍发展的休闲情感。另一方面，休闲情感的稳定性会影响到人们的休闲生活。休闲情感稳固的人，具有积极的休闲动力，对休闲保持时间较久的态度；休闲情感不稳固的人，则是具有消极的休闲动力，对休闲保持的态度也是善变、不稳固的。休闲情感在人们休闲体验中起着重要的作用。积极向上的休闲情感，能够提高人们对休闲生活的品位，对人们休闲行为起着正向鼓励作用。

休闲情感涉及的休闲生活的爱好倾向和自我体验是非常广泛的，但从高校休闲教育的育人属性来看，培养大学生良好的休闲情感，最重要的是休闲道德情感。休闲道德是人们培育休闲活动和从事休闲实践需要遵循的行为规范和在以上活动过程中形成的道德品质的集合。[②] 一些大学生休闲行为的失范，从根本上来说是休闲道德的失范。休闲情感表现

---

① 张德聪：《台湾青少年休闲活动参与意向调查研究》，《青年探索》2017 年第 4 期。

② 凌小萍：《从失范到规范：当代中国休闲伦理教育探究》，《广西社会科学》2017 年第 5 期。

出的休闲行为偏好，集中体现为人们休闲愉悦性的感受，而休闲愉悦的正当性归根到底取决于休闲行为的合道德性。《荀子·乐论》中指出：“以道制欲，则乐而不乱；以欲忘道，则惑而不乐。故乐者，所以道乐也。金石丝竹，所以道德也。”因此，高校休闲教育对大学生休闲情感的培育，最重要的任务是对大学生休闲道德情感的培育。

从实际情况来看，一些大学生休闲娱乐与道德规范之间时常处于冲突状况。特别是在虚拟时空的虚拟休闲活动迅速普及的情况下，人们在两个不同时空之间的休闲角色的变化，必然面临着虚拟角色与现实人格何以统一的问题。在虚拟世界里，人们可以自由地选择不同的活动角色，虚拟休闲角色的不确定性导致人们在人格表达上的不确定性。特别是一些人带着“虚拟面具”的形式呈现在网络游戏、网络社交等虚拟时空之中，本来的面目被“虚拟形象”所遮蔽，造成与现实生活中完全不同的角色错位和人格错位。一些大学生把自己想象成虚拟空间中的人物，致使自己时常处于虚幻世界与现实世界的心理冲突之中，导致与现实生活相脱离和社会伦理相断裂，在虚拟社会与现实社会中表现出那种截然不同的“双重人格”。同时，与自然、社会隔离的虚拟状态又可能使人们产生孤僻、焦虑、抑郁等心理问题，降低人们对现实生活的满意度。这些问题的存在与人们缺乏道德自觉和行为自律有着极其密切的联系。因此，培养大学生的休闲的社会道德情感和意识，强调大学生休闲生活的道德责任和道德义务，尤其迫切而重要。

3. 养成科学的休闲方式

休闲方式是人们具有倾向性、常态化的休闲行为模式。美国休闲研究学者约翰·凯利通过无条件地休闲、补偿性和恢复性的休闲、关系性的休闲、角色限定性的休闲四方面考察了人生不同阶段对休闲的参与情况，同时也研究了行为模式和休闲参与动机。对照四种休闲行为进行解释，即无条件的休闲行为纯粹是因为自我兴趣爱好而选择的，不被束缚于自我的社会角色，获得乐趣和精神的滋养。补偿性和恢复性的休闲动机是希望通过休闲活动获得好处，还能补偿工作或是生活带来的压力。关系性的休闲行为以促进社会关系为目的，此类休闲行为的得益即是某种关系的维护。角色限定性的休闲动机属于被动参与休闲型，多属于自己的社会角色需要参加休闲行为而为之。[①] 凯利的四种休闲行为都与人们的休闲动机有关。英国休闲家克兰德对休闲动力总结了15种具体类别：享受大自然，逃离现代文明；逃离日常事务和责任；锻炼身体；创造性；放松；接触社会、新朋友、异性；家庭接触；被认可及确定身份；显示社会权利；利他主义；寻求主题的刺激；自我价值实现；消除无聊，打发时间；自己或他人带来的成就感，与他人的挑战、竞争；理性审美。[②]

从休闲教育来看，养成良好的动机才能养成良好的休闲方式。休闲动机取决于休闲价值的认识。正是考虑到休闲动机与休闲方式的关系，对大学生进行休闲教育，首先要培养大学生良好的休闲动机，解决好大学生休闲价值观的问题。"我应该选什么样的休闲，这样的休闲有什么意义"，这体现着一个人对休闲价值的判断和认识。因此，高校休闲教育要帮助大学生树立有利于人的自由全面发展的价值导向，培养良好的休闲方式。

帮助大学生养成良好的休闲方式，还要正确处理好休闲的愉悦体验与精神追求的关系。休闲的基本功能是愉悦性，没有愉悦性的活动不能算是休闲活动，但休闲愉悦性本身并不等于休闲活动的正当性。特别是受市场逐利行为的驱动，一些网络游戏、虚拟社区以及大量带有娱乐属性的移动端应用程序开发等休闲娱乐平台片面追求感官刺激问题突出，低俗、恶搞、自恋性等网络娱乐内容随意刷屏传播，使一些大学生的休闲生活出现一种无底线、反理性的"泛娱乐化"倾向。这种"泛娱乐化"倾向，很大程度上反映出目前虚拟休闲领域文化价值观的错乱和人文精神的缺失，以致正在使一些人成为追求感官刺激的附庸。良好的休闲方式是追求"尽其美"与"尽其善"相统一的物质与精神文化统一。加强高校休闲教育，就是要培养大学生的正确的休闲价值导向，实现愉悦体验与精神追求相统一。

---

① Kelly J., "Leisure Styles and Choices in Three Environments", *Pacific Sociological Review*, 1978, pp. 187－207.

② ［英］C. 米歇尔·霍尔等：《旅游休闲地理学——环境·地点·空间》，周昌军等译，旅游教育出版社2007年版，第44页。

第二节　构建高校休闲教育支撑体系

加强高校休闲教育，应根据每个学校的特点，制定适应大学生全面发展的休闲教育总体规划，科学设立休闲教育课程，促进休闲教育融入其他相关课程教学之中；充分利用社会和高校提供的休闲条件和休闲设施开展休闲实践教育；根据高校休闲教育发展的客观需求，强化高校休闲教育专业人才队伍建设。

一　利用贯通法建构独立与渗透相融合的课程教学模式

"立德树人"是高校教育的根本任务，休闲教育是实现大学生全面发展的素质教育，贯通于大学生素质教育的全过程，贯通于大学生思想政治工作的全过程，贯通于大学生校园生活的全过程。从休闲教育课程来看，有两种教学模式进行选择，一种是独立性课程教育模式，一种是渗透性课程教育模式。独立性课程教育模式是作为一门素质教育课程单独设计的教学模式，其优点在于休闲教育的系统性和体系化，能够帮助大学生全面系统地学习和掌握科学休闲的理论与方法。渗透性课程教育模式是一种把休闲教育内容贯通于思想政治、体育艺术、传统文化等相关教学和实践之中开展教育活动的课程教学模式，其优点在于具有较强的针对性和实践性，能够根据大学生休闲生活中遇到的实际问题有针对性地进行教育。加强高校素质教育要根据不同高校的具体情况和大学生的客观需要，把独立性课程教育模式与渗透性课程教育模式贯通起来，纳入高等教育课程教学体系。

独立性课程教育模式可以作为高校通识教育的内容进行设计。高校通识教育是为全面提高大学生综合素质而进行的大学生专业教育之外的普适性教育。休闲生活贯穿于大学生活的始终，休闲教育对于每一个大学生来讲都有着普适性。从目前高校休闲教育的实际情况来看，将休闲教育作为高校通识教育的一种独立性课程教育模式，比较理想的状态是以专题性讲座的方式在各专业大学一年级的学生中进行。当前休闲教育的独立性课程教育模式之所以没有能够在高校中得到有效实施，原因是多方面的，其中一个重要原因是没有一个合适的实施路径。而专题性讲座方式进行休闲课程教育模式，其教育对象的普适性和教育内容的系统性都相对较强，同时学时相对集中，有利于广泛普及开展。特别是在大学一年级刚入学的新生中开展这类课程，可以向大学生发出加强休闲教育、重视休闲生活的引导和规范的强烈信号。因此，这种以专题性讲座为基本方式进行休闲课程教育模式应该成为高校休闲教育普遍实行和推广的常态化的休闲教育模式。

休闲教育的渗透性课程教育模式可以作为大思政教育的重要内容进行设计。波士顿大学学者詹姆斯・A. 怀利曾经提出，休闲教育必须是每一位教育者的任务，不论他从事的是哪一门学科的工作。① 在针对某高校的有关学科教师关于休闲教育认知的调研中发现，在相关专业加入休闲教育元素、实行渗透性课程教育是受到普遍认可的教育模式。当前，为全面促进大学生的全面发展，各高校按照《中国教育现代化2035》发展规划，正在全面推进大学生德智体美劳“五育”教育，休闲教育的内容与“五育”教育有着相互交织的密切联系，因此，休闲教育完全能够融入大学生德智体美劳教育之中。目前要推动渗透性课程教育模式的深入广泛开展，增强休闲教育内容的渗透性，第一，要厘清高校师生思想误区，充分认识休闲教育的意义与价值，激发师生参与休闲教育的主动性。第二，要解决好如何将休闲教育内容融入各学科的教学内容中的问题。苏联教育家苏霍姆林斯基曾给老师建议“一辈子都在为教好书而备课”，② 要结合相关学科的特点和大学生休闲生活的实际情况进行课程的规划，合理确定和安排休闲教学内容、教学方法，在教学过程中“以需定教”。休闲教育教师还可以为学生开放授课资源。传统高校教育中的人文类课程，诸如文学、体育、美术、音乐等审美类课程具有培养学生个性，提升审美与鉴赏能力的功能。此类课程符合休闲教育的目标并且具有休闲教育的功能，完全可以同时融入大学生的休闲教育课程。第三，要注重现代休闲场景营造，结合现代休闲业态的不断变化，善于利用现代科技和智能化教学手段，创造虚拟休闲情境，开

---

① ［英］J. 曼蒂等：《闲暇教育的理论与实践》，叶京等译，春秋出版社 1989 年版，第 28 页。

② ［苏］瓦・阿・苏姆霍林斯基：《给教师的建议》，周蕖等译，长江文艺出版社 2014 年版，第 108 页。

展模拟休闲教学，提升休闲教学的时代感。由此可见，休闲教育既能够自成独立教学课程进行规划与设计，又能够与其他学科有效融合。推进高校休闲教育深入开展，应善于把这两种休闲教育模式贯通起来，进一步增强大学生休闲教育的系统性、针对性和实效性。

二　注重生活化探索自主互动的实践教育路径

大学生休闲贯穿于大学生活的方方面面，休闲既是一种生活态度，又是一种生活方式。加强休闲教育应紧密结合大学生的现实休闲生活，将教育的目标任务转化为大学生休闲生活的内在需要，使教育生活化、生活教育化，激发大学生的主体意识，引导大学生自觉主动地参与休闲教育活动，在丰富多彩的休闲场景体验中实现自我教育、自我提高。

1. 注重加强各类休闲场所的内涵建设

休闲教育课程具有很强的实践性，高校校园内的各种休闲设施、休闲场所和文化娱乐活动，都是开展大学生休闲实践性教育的重要载体，所以，加强各类休闲场所的内涵建设也是做好高校休闲教育工作的必要环节。要根据大学生的休闲愿望和需求，充分整合场地资源，进一步健全完善休闲设施、休闲场所，为大学生休闲实践教育提供必要的条件。围绕着对大学生进行潜移默化的休闲教育，特别是要根据各类休闲场所的实际情况，制定出有利于培养大学生科学健康的休闲方式的规章制度，营造有利于培养大学生良好休闲心理和休闲情感的文化环境和文化氛围。西方国家的休闲教育开始比较早，各类体育场馆、图书馆、博物馆、艺术馆、音乐厅、公园、社区活动场所都可以成为大学生休闲教育实践的场所和平台。高校除了对已有的休闲场地科学规划及维护外，也应对已有的教学场地进行合理安排，对于琴房、体育馆、乐室等高频使用率的场地进行科学规划。

同时，我们应该看到，随着现代科技发展和人们生活水平的提高，各种新兴休闲业态不断涌现，人们的休闲生活呈现出多元化多样化的发展态势。大学生是对新生事物最为敏感的群体，他们往往对社会上不断涌现出的各种新兴休闲业态抱有浓厚的好奇心。注重休闲教育生活化，建构高校休闲教育实践路径，应及时把握大学生休闲需求的特点，及时跟踪现代休闲业态的变化态势，把握社会休闲生活发展动向，努力营造现代休闲体验场景，开展自主互动体验式教学，拓宽大学生休闲生活的视野，寓教于传递现代休闲信息、普及现代休闲知识、体验现代休闲生活之中。高校应该充分利用网络资源为休闲教育带来的便捷的有利条件，建立休闲教育信息发布平台，及时发布组织休闲活动的信息，方便大学生参加休闲教育体验活动，解决大学生休闲资源利用不充分等现实问题，提升大学生对休闲教育实践活动的参与度。同时，根据高校所在地优势，积极与社会多方联系寻求休闲实践机会，与社会休闲机构建立密切合作关系，加强休闲教育的信息共享，为大学生休闲实践教育提供更多的便利条件。充分利用校内校外各类休闲实践教育资源，开展各种健康有益的休闲娱乐活动，解决好大学生休闲教育实践活动过于单一单调的问题。

2. 加强对大学生休闲娱乐活动的引导

现代休闲理论研究表明，人们的休闲主要涉及“游戏”“游憩”“娱乐”三种休闲方式，这些休闲方式存在于人们的日常生活中。休闲教育就是要提供科学的休闲方式引导，不仅要帮助人们学会如何“玩”，还要帮助人们在“玩”中感受到人生的意义。应该指出的是，大学生在“游戏”“游憩”“娱乐”等活动中，与自然、社会、同伴之间建立和谐关系，对于大学生的健康成长是非常有益的。因此，大学生社会休闲的实践教育，要引导大学生树立与自然、社会和人与自然和谐的休闲观，处理好休闲过程中的人际关系，培养大学生休闲的合作意识和“团队”精神。

3. 充分发挥高校学生社团组织在休闲教育中的作用

高校学生社团是大学生自我管理的群众性组织，是学校与大学生之间沟通的重要桥梁与纽带。健全完善各类学生社团组织，充分发挥其作用，对于推进高校休闲教育广泛深入开展具有重要意义。目前许多高校社团组织不健全，缺少长期规划和发展目标，社团活动也处于零散状态。要针对大学生社团组织存在的这些问题，施以切实有效的举措加以解决。加强对社团工作的指导和支持，推动社团工作走向规范化，通过社团及时获悉大学生的休闲教育状态，有针对性地帮助社团开展工作。同时，赋予社团一定的自主权，开展大学生喜闻乐见的文化娱乐等休闲体验活动，调动大学生广泛参与的积极性和主动性，让大学生在自我管理中自我提高。

总之，大学生休闲教育实践，目的在于提升大学生的生活品位、丰富大学生的精神世界，培育和谐的社会关系，促进大学生科学的休闲观念和休闲方式的养成。学校组织的各种休闲教育实践活动，一定要做到有目的、有计划，针对大学生休闲生活中的突出问题，科学合理地进行规划安排，防止出现缺乏教育内涵、为活动而活动的问题。

三　突出思想性加强休闲教育教材体系建设

休闲教育教材建设是高校休闲教育顺利开展的重要保障，无论是采取独立式休闲教育教学模式，还是采取渗透式休闲教育教学模式，都需要有一个能够适应大学生特点的休闲教育教学大纲和教材，而目前制约高校休闲教育的一个实际的问题也在于缺乏一个具有现实针对性的大学生休闲教育的统编教学大纲和教材。特别是对于采取渗透式教学模式的高校各相关学科来讲，由于缺乏必要的休闲教育大纲和教材的支撑，难以全面把握休闲教育向相关学科渗透的内容要求，难以找到有效的渗透路径。因此要进一步促进高校休闲教育不断向广度和深度开展，必须把教材建设作为加强高校休闲教育一项基础性工作切实抓好落实。

加强高校休闲教育的教材建设要适应学生休闲生活的特点，并突出思想性，着力解决思想认识问题。从大学生休闲生活实际情况来看，大学生休闲生活正处在一个相对不确定向相当稳定的过渡阶段，大学生的休闲观念、休闲情感、休闲品位也在不断变化之中。这是目前的大学生休闲生活表现出的一个显著特点。大学生从“应试教育”的压力中刚刚解放出来，对追求自我选择的休闲生活的欲望相当强烈，对于休闲技能方面的问题，大学生能够较好地进行自我解决，而涉及思想观念方面的问题，恰恰需要休闲教育的正确引导。我们要紧密结合大学生休闲生活的这一特点，有针对性地做好休闲教育的教材内容设置，突出休闲观念的教育。可以说，大学生休闲教育有别于中小学的休闲技能教育，因此大学生休闲教育教材建设重点不在于一般意义的休闲知识和休闲技能的传授，而是着力于从思想观念上解决大学生对社会休闲本质的认知。具体来说，高校休闲教育教材建设要着重解决大学生对社会休闲思想认识的问题。

1. 休闲和人生的关系问题

这是高校休闲教育教材建设面临的一个基本问题。休闲生活是人的社会生活的重要组成部分，休闲与人生究竟有着什么样的内在联系，人们的休闲生活怎样才能更好体现人生和感悟人生，人们怎样通过社会休闲生活不断完善人生、实现人生的价值和意义。这些都是高校休闲教育教材建设首先要回答的问题。我们应把帮助大学生正确处理休闲与人生的关系问题作为高校休闲教育教材建设的一个重要的逻辑基点，从理论和实践相结合上把休闲与人生的关系讲清楚，帮助大学生通过休闲生活更好地体验人生价值和人生意义。

2. 休闲的自由选择与社会责任关系问题

人们的休闲生活是人们自由选择的具有高度自我性的生活，但绝不是毫无约束的真空生活。休闲生活本身就是社会生活的一部分，休闲生活中体现的责任就是现实社会中的责任。人们的休闲生活是自由选择的生活，同时又是有着现实社会责任感的生活，休闲的自由与社会责任有着必然的内在统一性。高校休闲教育教材建设既要重视大学生休闲的自我选择的自由，又要引导大学生正确地对待休闲生活的自我选择的自由，正确处理好休闲的自由选择与社会责任的辩证关系，自觉地把休闲生活的自由选择与社会责任有机统一起来，融入大学生休闲生活体验之中。

3. 休闲审美情感与道德审美情感关系问题

休闲审美情感决定着一个人的休闲生活品位，而一个人的休闲品位又是与一个人的道德修养紧密相连的。在中华民族几千年的文明发展史上，人们的休闲生活从来就是道德生活，人们的休闲审美情感从来都体现着道德审美情感。如在前面关于优秀传统休闲文化的研究分析中我们可以看出，休闲生活中体现的道德力量始终是决定人们休闲生活选择的重要力量，社会道德情感始终是人们休闲生活中表达的审美情感，有道德的休闲生活才是真正具有品位的休闲生活，休闲生活体现的自我人格就是“慎独自律”“贵和尚中”的社会人格。因此，我们应把如何正确处理休闲审美情感与道德审美情感关系作为休闲教育教材建设的重要内容，解决好什么样的休闲情感才是适应社会需要的休闲情感、什么样的休闲情感取向才是合乎社会道德的情感取向、什么样的休闲生活才是有道德的社会生活，这不仅有利于提高大学生的休闲生活的情调和品味，而且有利于促进大学生的健康向上的休闲人格的形成和完善。

4. 休闲价值追求与全面发展关系问题

帮助大学生正确把握休闲与人的自由全面发展关系是高校休闲教育的根本出发点和根本落脚点，也是休闲教育教材建设的核心内容和贯穿休闲教育教材的一条主线。教材内容和体系架构要围绕着这一核心问题展开，从理论上说清楚休闲与人的全面发展的内在关系，解决好如何实现休闲价值追求与促进全面发展的统一问题。

总之，高校休闲教育教材建设要紧扣大学生休闲教育的目标任务来设置，紧扣大学生休闲生活实际来确定休闲教育的教材内容，不能仅仅停留在一般性的休闲知识介绍和休闲技能传授方面，而要突出解决好大学生对于休闲的思想认知问题，帮助大学生真正树立起正确的休闲观念和休闲意识，提高大学生对错综复杂的社会休闲现象的判断能力，使大学生对社会休闲的自我选择过程成为不断认知自我和完善自我的过程。

四　坚持开放性建设内外专兼结合的师资队伍

加强高校休闲教育，一项重要的基础性工作就是建立一支高水平休闲教育教师队伍。高校休闲教育是贯穿大学生在校生活全过程的素质教育，不是高校单一部门所能完成的，需要各部门各相关专业的密切配合，需要借助社会休闲教育机构的力量。因此，休闲教育师资队伍建设要适应开放性的要求，建立一支校内与校外、专业与兼职相结合的教师队伍，形成校内校外教学力量通力合作的良好格局。

1. 充分调动和合理配置校内休闲教育师资资源

坚持把休闲教育纳入大思政教育的范畴，按照高校有关院系的专业特点进行合理分工，把休闲教育内容与相关专业课教学内容有机结合起来，渗透到相关专业教学活动之中。这种休闲教育的专业化特点，有利于实现休闲教育资源利用最大化，但同时也对教师队伍素质提出了更高的要求。要提高教师队伍的思想认识，克服“事不关己、高高挂起”的思想。目前一些相关专业教师参与休闲教育的积极性不高，除了对休闲教育的认识不到位，还有一个重要原因是学校缺乏必要的休闲教育激励机制。因此，我们要积极推进高校休闲教育的全面深入开展，必须结合各高校休闲教育师资队伍的实际情况，制定切实可行的鼓励全员参与休闲教育的政策措施，在考核模式上要科学合理地设置休闲教育考核指标，提出休闲教育的刚性要求；在职称评定上要注意向从事休闲教育的教师倾斜，充分调动各相关专业教师参与休闲教育的积极性和主动性。同时，还应该进一步加强休闲教育师资的培训工作。学校休闲教育的主管部门要制定适应大学生休闲教育要的教学大纲，强化备课环节，协调有关专业教师进行集体备课，帮助他们系统地把握休闲教育的内容和要求，避免课程教育内容流于形式。

2. 充分挖掘和利用社会休闲教育资源

随着现代高科技特别是数字化技术手段不断向社会休闲领域渗透，新的互动性、拟人化的社会休闲业态层出不穷，极大地改变着人们的休闲环境、休闲模式和休闲生活状态。大学生是对新生事物最敏感的社会群体，社会休闲业态的发展变化会迅速影响大学生这一群体。面对这种变化的社会休闲业态和社会休闲环境，加强对大学生休闲教育的引导，仅仅靠学校力量是不够的，需要充分挖掘和利用各种社会资源作为高校休闲教育的重要补充。要针对社会休闲的变化发展态势，聘请一批从事社会休闲领域的实际管理工作者纳入高校休闲教育队伍之中，通过开展有关报告会和专题讲座的方式，帮助大学生及时把握现代休闲的发展特点和趋势，引导大学生提高对纷繁复杂的社会休闲现象的辨别能力。

3. 积极探索休闲教育的开放式自主互动的现代教学手段

现代开放式教育的主要形式是利用现代网络技术和拟人化场景进行开放式自主互动教育，其特点是实践性较强、师生互动要求高，同时教育内容比如教材、视频、数据、教具等共享性强。高校进行休闲教育的硬件设备质量参差不齐，可以通过高校间成立休闲教育联盟，实现休闲教育资源校际间共享，既解决了高校预算不足问题，又可以加强高校间的休闲教育协作。特别是中国慕课发展极其迅速，推出“爱课程”“学堂在线”等在线教学国际平台。据有关部门统计，目前线上慕课数量增至3.2万门，学习人数达4.9亿人次，在校生获得慕课学分人数达

1.4 亿人次。[①] 网络发达的现代，休闲教育联盟高校之间也可以建立休闲课程网上共享机制，有效解决中国专业休闲教育师资队伍短缺的问题。这种休闲教育课程的教育形式更加现代化，时间灵活度更高，选择课程不再受地域的限制。可针对不同专业学生设计休闲教育内容，大学生也可根据个人情况分配学习时间，自主选择休闲课程。高校休闲教育教师应不断利用现代化高科技手段提高休闲教育的教学水平和授课能力，积极探索开放式、自主性、互动化的现代教育路径。

第三节　加强高校休闲文化建设

休闲文化是指在一定历史阶段中，社会群体整体或是其中一部分在休闲生活中所形成的反映其休闲特征及社会状况的全部物质与精神现象的总和，它表现在休闲物质文化、休闲行为文化和休闲精神文化三个方面。[②] 校园是大学生学业期间置身最久的场所，校园休闲文化对大学生的休闲起到潜移默化的作用。任何社会的休闲文化都是与它所处时代的占主导地位的意识形态和主流文化相向而行的，并以体现其思想观念的重要文化载体的形式而存在。因此，加强校园休闲文化建设必须与社会主义核心价值观有机结合起来，突出休闲文化的教育功能，营造有利于大学生科学的休闲观念和休闲方式养成的良好文化氛围。

一　大力弘扬优秀传统休闲文化

中国优秀传统休闲文化中，社会休闲活动是承载文化、教化人伦和传承文明的重要载体和重要途径，人们的社会休闲活动体现着中华民族的基本价值理念和价值追求，具有丰富人们精神文化生活，推动社会文明进步的作用。优秀传统休闲文化对于现代休闲教育的一个重要启示，就是要高度重视休闲在弘扬文化、传承文明中的作用。传统休闲文化产生于特定历史时期，有着历史局限性，但其重视休闲人生体验、休闲品

---

① 《介绍“十三五”期间高等教育事业改革发展、高校人才培养、思政工作、科技创新情况》，2020 年 5 月，中华人民共和国教育部 http：//www. moe. gov. cn/fbh/live/2020/52717/，2022－03－08。

② 秦学：《中国休闲文化发展：现状、特征与展望》，《城市观察》2016 年第 1 期。

行养成、崇尚休闲生活的慎独自律，对于我们今天构建现代休闲文化仍然具有重要的借鉴价值。加强校园文化建设，更加需要从文化基因的高度深入优秀传统休闲文化中蕴含的具有时代意义的人文教化思想，使之成为建构校园休闲文化的源头活水。

1. 把传统休闲文化中体现的休闲生活的人生价值和人格意义融入校园休闲文化建设之中

在传统休闲文化中，社会休闲是一种人生体验与人格表达的重要方式。无论是儒家休闲思想，还是道家的休闲思想，都把社会休闲生活作为人生不可或缺的一部分，重视其中蕴含的人生价值和人格力量。“儒家游方之内”，重视人们休闲生活的社会伦理价值；“道家游方之外”，突出人们休闲生活的自然体验价值，两者共同塑造了具有鲜明民族特色的休闲品行和休闲人格。正如王国维认为的，“孔子欲完成人格以使之有德，故于欲知情意融合之前，先涵养美情，渐与知情合而锻炼意志，以造作品性。于是始之所立，和气蔼然，其乐无极，是即达仁之理想，而人格完成矣。”① 由此可见，优秀传统文化强调的休闲远远超出了一般意义上的愉悦与放松，作为一种人生方式体现着人们的人格追求。人们休闲过程是“君子比德”的过程，把客观事物与人的道德属性相联系，使人格品质对象化，赋予客观事物以特殊的人格化的特质，借为象征和张扬人的品格情操，从而使抽象道德转化成为具体形象。休闲过程的这种休闲主体与客体在精神文化层面上的互动过程，使人们通过寻求适合自己心性的休闲活动，在获得身心调节的同时使人们的精神境界得到升华。因此可以说，中国优秀传统休闲文化所展现的休闲生活，实质上是一种精神文化生活，所体现的休闲人生是追求自我修养和自我完善的人生。我们要通过校园休闲文化建设，把优秀传统休闲文化体现的人生体验和人格完善的独特认知传递给大学生，帮助大学生正确认识和把握休闲的人生意义，促进大学生人格的不断完善。

2. 把传统休闲文化体现的休闲生活的人文修养和精神追求融入校园休闲文化建设之中

传统休闲文化肯定休闲的人生体验和人格表达的意义，使人们休闲

---

① 王国维：《王国维：一个人的书房》，中国华侨出版社 2016 年版，第 38 页。

生活嵌入社会人文环境之中，具有承载社会道德伦理秩序和记忆传承文明的属性。因此，休闲活动的正当性理所当然地取决于休闲活动的合道德性，人伦教化和人文养成也自然而然地成为社会休闲生活内在的必然要求。“修身养性”作为传统休闲文化的价值指向，不仅是个体的身心调节，还有着更加广泛的陶冶情操、澡雪精神的意义。休闲活动既是调节身心的自我养生的过程，又是一个“澡身而浴德”的自我完善过程，在身心愉快的同时提升精神境界，成为中国古代人们休闲生活的合目的性、合规律性的价值追求。一方面，强调人们休闲价值追求体现着自然之美与生活之美相统一。天人合一、顺其自然是中国传统文化中的重要思想，“达自然之性，畅万物之情”，反对矫揉造作和虚荣奢侈，以真性情对待生活，这种顺其自然的休闲观念与休闲实践，孕育了独特的以自然美为核心的休闲审美情调。自然事物作为人的精神品质的“物化”被纳入人们的审美范畴，以借景抒情、以物抒怀，用自然事物的感悟来表达人们的社会生活，用自然事物的千姿百态来描述人们的精神世界，通过自然之美来表达人们的精神追求是中国古代休闲审美的重要特征。传统休闲文化中这种人们的思想感情与客观事物的自然天性之间对应互动的认知，把人的情感“物化”于自然之中，赋予自然事物以拟人的特质，使无生命的东西充满着生命的情思。因此，人们的休闲生活不再是单纯的对自然体验，而是具有了表达思想感情的价值。这种在中国古代人们描述休闲生活时普遍存在的现象，恰恰展示出古代人们独特的自然审美与情感表达相统一的休闲价值。另一方面，强调人们的休闲价值追求体现着人文修养与文化传承相统一。在古代社会，琴棋书画、诗歌文赋等既作为重要的文化载体而存在，也作为重要的休闲对象而存在，历来被视为人们修身养性的首要选择，其重要原因在于其中蕴含着丰富的思想文化内涵。“诗以言志”“君子以钟鼓道志，以琴瑟乐心”，古代休闲生活丰富多彩，无论是琴棋书画、诗歌文赋等休闲载体，还是品茶、斗酒、投壶、骑射、垂钓、游历等休闲娱乐活动，都蕴含着丰富的文化内涵，赋予休闲活动以承载和传承文明的价值。

3. 把优秀传统休闲文化中体现的反映中华文明传承发展过程的“活态文化”融入校园休闲文化建设之中

传统休闲文化中许多大型民间娱乐活动都有着源远流长的历史传说

和文化记忆。像传统休闲活动“赛龙舟”承载着人们对古代伟大诗人屈原的思念，每年都会在端午节期间举行，国家先后公布的四批国家级非物质文化遗产名录，其中相当一部分作为世代相承的传统文化表现形式纳入人们休闲生活的范畴。特别是传统音乐、传统舞蹈、传统曲艺、传统体育、传统技艺以及民俗项目，在中国古代大多是作为娱乐载体和娱乐方式而存在的，即便有些项目以传统行业形式出现并具有职业属性，但也都是作为表演艺术依托人们休闲娱乐而生存和发展的，因此仍然可以纳入社会休闲文化的范畴。这些项目体现了先辈们在劳动和生活中产生的对客观事物的认知态度和情感表达，蕴含着中华民族特有的思想理念和价值追求，成为反映中华文明传承发展过程中的“活态文化”。校园休闲文化建设要结合大学生休闲生活的特点和客观需求，积极借助和利用这些在优秀传统休闲文化中反映中华文明传承发展的“活态文化”，使大学生通过切身体验这些“活态文化”的魅力，体会到其中蕴含的思想文化价值，使这些“活态文化”真正“活”起来。

二　构建科学的高校休闲文化价值导向体系

高校休闲文化包括休闲物质文化、休闲精神文化和休闲行为文化诸多方面，但贯穿其中的核心问题是如何架构科学的大学生休闲文化价值导向目标体系。休闲文化价值导向是休闲文化建设的灵魂，有什么样的休闲文化价值导向，就有什么样的休闲文化形态。离开了休闲文化价值导向，高校休闲文化建设就会失去目标和方向。“青年兴则国家兴，青年强则国家强。”青年的价值取向影响着未来整个社会的价值取向。“凿井者，起于三寸之坎，以就万仞之深。”大学生正处在价值观形成和确立的时期，抓好这一时期的价值观养成尤其重要。正如习近平总书记比喻社会主义核心价值观对于青年人的重要性：“这就像穿衣服扣扣子一样，如果第一粒扣子扣错了，剩余的扣子都会扣错。”[①] 加强高校休闲文化建设的首要任务就是以社会主义核心价值观为统领，将社会主义核心价值观融入高校休闲文化建设之中，帮助大学生树立科学的休闲

① 《习近平寄语青年“立大志明大德成大才担大任”》，央广网，2021 年 4 月，http：//dangjian. cnr. cn/djyw/20210429/t20210429_ 525474921. shtml，2022 - 05 - 08。

文化价值观，实现休闲价值塑造和休闲能力培养的有机统一。

1. 确立自由与全面发展相统一的休闲目标追求的价值导向

休闲教育的根本目的是促进人的自由全面发展。马克思主义经典作家对自由时间中促进人的自由全面发展做出了深刻阐述，马克思把自由时间的休闲生活作为人的自由全面发展的必然要件。休闲的本质决定了其具有高度的独立性、个体化的特点，人们利用自由时间进行休闲活动的过程中可以自由地施展自己的个性，开展适应自我发展和自我完善的创造性的活动。实现自由全面发展是社会主义核心价值观的应用之义，也是休闲文化建设的本质要求。培育大学生休闲观念就是培养大学生自由全面发展的思想观念。

因此，高校休闲文化建设要以促进人的自由全面发展为根本目标，营造有利于大学生自由全面发展的文化环境，帮助大学生确立自由与全面发展相统一的休闲目标追求。各种校园文化活动都应该有目的地进行精心设计，一方面要注重大学生的休闲的自由选择性，另一方面要帮助大学生把休闲的自由选择建立在促进全面发展上来。对大学生的休闲生活选择既不能事无巨细地蛮加干预，又不能不讲原则地放任自流。对大学生休闲生活事无巨细地蛮加干预，不仅起不到应有的教育效果，而且会使大学生形成抵触情绪，产生适得其反的结果。因此，高校校园文化建设要把着力点放在如何调动大学生参与休闲文化活动的积极性和主动性上，为大学生提供丰富多彩的自由选择的休闲空间，在积极主动参与中实现自我提高自我完善。

2. 确立自由与社会责任相统一的休闲伦理追求的价值导向

自由与责任是统一的，自由意味着责任，人们做出什么样的选择就要承担什么样的责任，一个人对自己的行为负责就是对自己的选择负责。这就是说，自由是相对于责任而言，休闲自由的选择性离不开休闲生活的责任性。人们的社会休闲生活是一个具体的社会化过程，个体在休闲的过程中必然会与社会及社会成员建立联系，并产生互动。即使休闲的个性化达到极致，也不能就此证明休闲生活可以离开社会生活而独立存在。而人们休闲生活的社会责任主要体现为社会道德责任，因此，加强高校校园休闲文化建设必须要高度重视加强大学生休闲伦理建设。

从目前大学生休闲生活的客观实际来看，帮助大学生确立自由与社会责任相统一的休闲伦理追求的价值导向，需要从大学生休闲文化环境和提高大学生个人道德素质两个方面入手。一方面，要加强大学生休闲生活领域的社会公德建设。制定具体可行的大学生休闲生活的行为规范和公共生活准则，包括大学生公共休闲领域的普适性的休闲活动秩序、文明礼仪以及社会休闲生活的行为规范等，形成大学生休闲生活的良好社会道德风尚。这是调节和规范大学生休闲生活行为、维护大学生休闲生活正常秩序的必要条件，也是帮助大学生潜移默化地形成休闲生活社会公德意识的重要路径。另一方面，要注重大学生良好休闲道德情感、道德素质和社会责任的养成，使大学生正确处理休闲自由选择与社会责任的关系，把休闲自由建立在社会道德伦理基础之上。

当前在青年群体中普遍流行的网络休闲生活，将休闲生活割裂为虚拟与现实两个相互交织又各自独立的世界，对加强大学生的休闲道德建设提出了新的挑战。特别是智能手机被喻为“人体的一部分”，人们将大部分的休闲时间用来刷手机。近几年开始盛行的网络直播，一些低俗的主播为了“打赏”提高收入，不择手段地利用一些不道德的东西以此来博眼球，引导看客打赏，并且不少大学生也身在其中。这些现象的背后折射出一些大学生休闲道德感和社会责任观的缺失。有的大学生沉迷于其中乐此不疲地承担着“键盘侠”的角色，试图以网络虚拟空间的虚拟生活来逃避现实生活的社会义务和道德责任，甚至成为毫无道德底线的“网络喷子”，任意上网“谩骂”“人肉”别人，这些问题极易造成他们在道德问题上人格分裂。因此，必须高度关注大学生的网络休闲，打造健康的网络休闲环境，引领大学生健康理性上网，以实际行动恪守休闲生活的社会责任。

3. 确立自由与慎独自律相统一的休闲行为追求的价值导向

慎独自律是人们在无人监视的情况下发自内心的自我规范和自我约束行为，休闲时间又是人们主要的独处时间。人们休闲生活之所以与其他社会生活不同在于它是人们利用闲暇时间进行的个人行为选择，具有明显的远离社会公共生活视野之外的隐蔽性特点。慎独自律作为一种自重自爱的生活态度，体现着一个人的道德力量，反映着一个人的真实人格。孔子曾说：“君子慎独”。斯德哥尔摩说过，不能约束自己的人不能称他为自由的人。培养大学生休闲生活自律意识对于大学生健康成长具有重要意义。校园休闲文化建设要把帮助大学生确立自由与慎独自律相统一的休闲行为价值追求放在重要位置，通过有目的有计划地组织开展由大学生自我设计的休闲文化活动，帮助大学生学会自我管理、自我约束，使高校休闲教育变被动教育为主动教育。

社会休闲生活中的慎独自律是一种守住“心中正”的社会休闲生活状态。“心中正”作为中华民族在长期发展过程中形成的重要心理认知和思维方式，体现着人们社会生活中的慎独自律意识。喜怒哀乐等情绪因为“ 慎其独”而没有失控，仍然保持一颗平和自然之心，这就是“ 中”；喜怒哀乐等情绪表现得恰到好处，符合社会规范，这就是“ 正”。孔子强调“ 乐而不淫，哀而不伤”“ 以道制欲，则乐而不乱；以欲忘道，则惑而不乐”。司马迁在《史记・滑稽列传》中曰：“ 乐极则悲，万事尽然”。可以说，守住内心中正的慎独自律，体现在社会休闲生活中就是一种喜乐有度的休闲生活方式。因此，帮助大学生确立自由与慎独自律相统一的休闲行为价值追求，注重培养大学生对休闲自由的“度”的把握，使他们的休闲娱乐情绪表达得恰到好处，既合乎社会规范，又有益于身心健康。

三　营造和谐休闲文化环境

休闲文化是促进大学生健康成长的重要物质文化条件和保障，和谐休闲包括人与自然、人与社会、人与人之间的和谐，营造和谐校园文化环境就是要通过休闲文化环境建设帮助大学生树立和谐休闲理念，促进大学生和谐休闲。

1. 营造与自然和谐的校园休闲文化环境

自然环境是人类社会赖以生存的基础，绿水青山就是金山银山，人与自然的和谐已成为现代社会人们日益追求的普遍意识和行为选择。营造与自然和谐的校园休闲文化环境就是要通过优化校园自然环境，帮助大学生树立尊重自然、爱护自然、保护自然的意识。校园是大学生共同生活的家园，校园的自然与人文景观对培养大学生对自然审美意识和自然休闲品位起着潜移默化的作用。要通过绿化美化自然校园为大学生提供赏心悦目的休闲环境，组织开展各类公益性志愿活动调动学生参与校园建设，增强大学生对自然的亲近感。从目前休闲领域情况来看，无论在社会休闲业态中，还是在人们休闲活动中还存在一些与自然不协调、不和谐的东西，休闲娱乐过程中破坏生态环境的现象时有发生。要注意及时发现并纠正在大学生中出现的与自然和谐相抵触的不文明的休闲行为。利用节假日组织开展诸如踏青游园等户外活动，培养人们休闲的自然审美情调，在欣赏自然之美中塑造心灵之美。

人与自然是互为一体的，人们的一切行为归根到底要顺其自然。在中国优秀传统文化中自然和谐被赋予了对“道”的把握，体现着顺其自然、返璞归真的人生态度和生存方式。“天地与我同生，而万物与我为一”“独与天地精神往来，而不敖倪于万物”，风声、鸟声、流水声等自然声音皆为“天籁之音”，梅兰菊竹等自然万物都赋予了人格化的意义，琴棋书画、诗词歌赋等作为休闲载体成为架构人与自然相沟通的桥梁，表达了人们休闲过程中对自然之美的感悟。这种以自然为宗、返璞归真的休闲理念，实质上是要求人们不受功利所干扰，不为虚名所牵累，不被华丽修饰所迷惑，以天然禀性对待客观事物，以淡然无极的自然心态对待社会生活，在感悟事物本身的自然之美中感悟休闲的快乐。借景抒情、以物抒怀，用自然事物的感悟来表达人们对美好生活的认知，反映出人们追求自然审美的闲适清雅恬淡的休闲心态。面对当今出现功利主义抬头、社会浮躁的现象，传统文化中的这种“顺其自然、返璞归真”、追求与大自然和谐交融的休闲情调和休闲审美追求对于构建现代休闲文化仍然具有启示意义。营造自然和谐的校园休闲文化环境，应该积极借鉴优秀传统休闲文化中的合理内核，以丰富多彩的校园文化活动，帮助大学生培养淡泊乐观的休闲情调，使休闲生活表现出的顺其自然的过程成为人们陶冶情操、澡雪精神的过程。

2. 营造与社会和谐的校园休闲文化环境

人是社会化的产物，人的发展离不开良好的社会环境。社会和谐是践行社会主义核心价值观的必然要求，培养大学生社会和谐休闲观也是高校休闲教育的重要内容。大学生活既是大学生踏入社会人生的前期准备阶段，又是大学生逐步融入社会人生的初步实践阶段。大学本身就是由教育者与被教育者构成的社会，管理、教学、服务等高校部门也是大学生了解社会的重要窗口。因此，高校各部门都有营造与社会和谐的校园休闲文化环境的责任。学校制定各项规章制度都要着眼于大学生全面发展，注重与休闲教育相衔接，营造有益于社会和谐的校园休闲文化氛围。各种各类的体育、艺术、图书馆、博物馆、文化广场等校园休闲活动场所都应该注重人性化管理，让大学生在休闲过程中体验到社会和谐的气氛。学校教学、管理和服务人员要强化教书育人、服务育人的意识，引导和帮助大学生树立正确的社会和谐观。学校的日常生活对大学生的正确思想认识的形成有着“润物细无声”的意义，高校教职工要树立日常生活育人的思想，以身作则，注重规范自己的言行，为大学生树立和践行社会和谐休闲观做出表率。同时，还要与社会有关部门密切合作，进一步净化校园的周边环境，营造良好的社会和谐的休闲文化氛围。

3. 营造人际和谐的校园休闲文化环境

正如前面所述，人是社会化的产物，大学生活是大学生踏入社会的前期准备和初步实践阶段，而大学生活面临的基本社会关系之一则是人际关系。人际关系是指人们在交往过程中体验和表达出的对特定交往对象的相互吸引或相互排斥的行为情感，包括相互认识、相互了解、相互认可的程度等，人们的人际关系满足与不满足程度的差异，会直接影响人们的愉快或不愉快的情绪体验。休闲过程中和谐的人际关系对于大学生健康成长有着积极的促进作用。通过营造人际和谐的校园休闲文化环境，能够培养大学生对他人和自我的认知，拉近大学生休闲的人与人之间的空间距离，提高人际交往的包容度和满意度，形成尊重他人、关心他人的休闲情感和休闲行为。大学生和谐人际关系的形成是一个大学生情感交往逐步由浅入深的过程。一方面，要注意通过开展集体性的休闲文化活动，把大学生组织起来，使他们在活动中增进感情交流，培养共同的休闲品位和休闲情趣。在人际交往中的真诚品质尤为重要。要注意培育大学生休闲过程的彼此之间的信任感，放下人际交往中的心理戒备，培育人际交往中的“真诚”的个性品质。另一方面，人际关系的基础是人与人之间的互相尊重和互相支持。校园和谐人际关系的休闲文化建设要坚持人与人之间平等交往的原则，平等待人。特别是大学新生由于对周围人际环境缺乏了解，难免会产生高度紧张的自我防卫心理。在人际交往中，人们的平等参与程度将决定交往在什么气氛中进行。因此，应特别注意尊重大学生的参与意愿、需要平等的心理感受，以避免产生交往障碍。要根据大学生休闲兴趣有目的地成立各种校园休闲文化活动组织。同时，还要注意把握大学生不同兴趣群体的活动动态，有针对性地做好教育引导工作。

4. 营造身心和谐的校园休闲文化环境

营造人与自然、社会与人际和谐的校园休闲文化环境，归根结底要落到促进大学生身心和谐上来。目前，我们正处在一个急剧变动的社会转型期，社会经济和利益格局结构正发生着全方位的调整和变革，社会生活节奏日趋加快，社会压力越来越大，这必然会给部分社会成员带来一定的生存压力和不安全感，致使一些人产生了焦虑、抑郁等心理问题。这些心理问题会在一定程度上降低人们对生活的满意度，甚至产生和加重对社会的不满情绪，直接催生一些非理性行为，引发某类社会问题。从大学生身心健康方面存在的问题来看，也应把促进人们身心和谐作为一种人文关怀纳入现代休闲教育的视野。特别是有的大学生沉迷于虚幻网络空间之中，把网络当成自己的“精神寄托”，容易引发“互联网成瘾综合征”“网络孤独症”等心理障碍。甚至会误把自己想象成虚拟空间中的人物，以致使自己常常处于虚幻世界与现实世界的心理冲突之中，有可能诱惑他们的社会角色和人格分裂。过于依赖网络交友平台的人进行“人际”交流时，如果迷恋于其中而难以自控，难免会淡化与社会的交往，疏远与家人、朋友关系，使性格变得越来越孤僻。相对来讲，青少年大学生自控能力和辨别能力相对不强，是网络性心理障碍的多发群体。

这些社会焦虑产生的原因是复杂的，有社会方面的原因，也有着个人方面的原因。但从休闲教育视角来看，社会休闲与人们心理关系问题应该引起重视。健康和谐的休闲态度和休闲方式对人们心理健康产生积极影响，而不良的休闲态度和休闲方式会产生和加重人们的心理问题。那种与自然、社会隔离的自我孤僻的休闲状态，既是焦虑、抑郁等心理问题的产物，又是产生这些心理问题的原因。由此可见，无论从构建社会主义和谐社会高度，还是从促进大学生身心健康的角度，都应该把和谐休闲纳入现代休闲教育体系之中，努力打造人与自然和谐、人与社会和谐、人与人身心和谐的校园休闲文化环境。

大学阶段中需要特殊考虑的时期是大学生刚刚入学，由一名高中生转变为一名大学生，这种转变对高校新生来说是人生的一个转折点。随着学习生活环境、学习内容以及初离开生活的城市等因素发生变化，新生容易出现心理不适、人际关系紧张等反应。通过和谐休闲文化环境建设，能够让新生认识到大学的休闲时间完全不同于高中被学习占用的休闲时间，而是具有高度自主性的自由安排的时间；能够指导他们找到自己的兴趣点，找到适应大学生活特点的休闲路径与休闲方式，养成良好的学习生活和休闲习惯，较快地进入高校集体生活，顺利完成由高中生到大学生的身份转变。

总之，通过加强校园休闲文化建设，大力弘扬优秀传统休闲文化，构建科学的大学生休闲文化价值导向目标体系，搭建面向全体大学生的休闲文化教育活动平台，营造和谐的休闲文化环境，将多元化多样化的文化元素融入高校休闲教育之中，能够更好地满足大学生对多元化休闲教育的需求。强调尊重大学生对休闲的自我选择对促进大学生健康成长的意义；强调社会道德和社会秩序对大学生休闲生活的规范和引领；强调培养大学生休闲追求的慎独自律意识，体现着自由与全面发展的统一，使大学生的休闲生活不仅是愉悦意义的自我体验，更是一个建立在尊重自然、社会基础上的传承文明、陶冶精神、完善人生的过程。

第四节　协同多方资源形成大学生休闲教育的合力

高校休闲教育是一个系统工程，离不开社会的广泛支持。习近平总书记在全国教育大会上的讲话明确提出："办好教育事业，家庭、学校、政府、社会都有责任"。高校要切实加强同社会各界的联系，统筹协调各种教育资源，形成大学生休闲教育齐抓共管的合力。

家庭是一切教育的第一场所，并在教育方面负责情感和认识之间的联系及价值观和准则的传授。[①] 最初经历的休闲活动都是以家庭为单位进行的。苏霍姆林斯基也曾经强调过："没有家庭教育的学校教育和没

① 联合国教育科文组织：《教育——财富蕴含其中》，联合国教科文组织总部中文科译，教育科学出版社 1996 年版，第 67 页。

有学校教育的家庭教育，都不可能完成培养人这一极其细致而复杂的任务。”英国著名学者赫胥黎曾说过：“欲造伟大之国民，必自家庭教育始。”每个人的生活都离不开自己的家庭，休闲教育首先是在家庭活动及平时生活中体现的，孩子们对休闲的认识和体验也是在家长的引导下逐步形成的，家庭对人们休闲行为及习惯起重要作用。就大学生休闲教育而言，家庭的责任在于：一方面，积极配合高校休闲教育，及时了解和把握他们的休闲价值取向、休闲兴趣和休闲生活状态的变化，有针对性地做好问题反映和引导工作；另一方面，面对层出不穷的现代休闲业态，帮助他们对各种社会休闲业态进行分析鉴别，尊重他们按照自我发展的目标进行自我选择，支持他们积极参加学校组织有关休闲实践和休闲文化的活动。

社会是大学生休闲生活体验的重要资源和活动场所。大学生生活离不开社会，社会生活中的各种休闲现象必然会反映到大学生休闲生活中来。加强大学生休闲教育需要充分挖掘和调动各类社会力量，为大学生休闲教育提供更多更好的休闲教育资源。关于休闲障碍的调查显示，有53.74%的大学生因为休闲设施的不足而受限制，由此可见，休闲设施严重制约着大学生的休闲。因此要改善高校休闲教育设施，需要借助社会力量做好与社会资源对接工作。社会和高校有关部门都应该根据大学生休闲教育发展的需求积极抓好休闲供给。比如，博物馆、图书馆、美术馆、音乐厅等社会休闲场所都要尽可能满足大学生休闲教育的需要。研学旅行是休闲教育的重要组织方式，也是当今日益受到关注的一种社会教育模式。[①] 社会有关部门要根据大学生开展研学旅行的实际情况做好衔接和服务工作。社区也是高校休闲教育可以充分利用的重要社会资源，社区要创造条件，支持大学生围绕休闲教育广泛开展的社区志愿者服务。要通过利用各类社会资源，形成休闲教育的校内校外相结合的双向通道，扩大休闲教育的领域，丰富休闲教育内容及教育模式。

---

① 王双：《学校休闲教育的意涵、价值与策略》，《教育评论》2017年第4期。

结　语

社会休闲是人们赖以生存和发展的基本生活方式，也是人的自由全面发展的重要实现路径。社会文明愈加深入推进，人们的物质和精神生活愈加不断提升，人的自由全面发展的命题越来越得到前所未有的重视，作为促进人的自由全面发展的休闲教育同样应该得到全社会的高度重视。特别是随着科学技术和社会生产力的迅猛发展、人民生活水平的不断提高，休闲时间与休闲空间、休闲领域和休闲业态、休闲观念和休闲方式正发生着巨大变化，休闲教育面临着加快发展的良好机遇。大学生作为代表未来的新生力量，在引领社会休闲生活中起着重要的风向标作用。加强高校休闲教育，引导大学生树立正确的休闲观，养成良好的休闲情感和休闲方式，对于促进大学生的自由全面发展有着十分重要的意义。

本书以马克思关于社会休闲和人的自由全面发展思想为指导，以优秀传统休闲文化为基本底色，坚持以问题为导向，从自由时间、自我选择和身心调节的维度，揭示休闲、休闲教育与人的自由全面发展之间的内在逻辑关系，建构起以促进大学生自由全面发展为目的、以充分尊重大学生的自我选择为前提、以科学引导大学生实现自我选择与社会责任相统一为主要内容的高校休闲教育的理论分析逻辑框架和实践模式。自由时间的自我选择是社会休闲与人的自由全面发展的共同拥有的先决条件，同时也是教育介入社会休闲生活的逻辑支点。没有自由时间的自我选择，人们的活动处于外在异己力量支配之下，就不可能有真正意义上的休闲，更谈不上自由全面发展。自由时间的自我选择作为社会休闲与人的自由全面发展的共同先决条件，为人们的休闲活动促进人的自由全面发展提供了现实可能性。这种现实可能性能否成为现实必然性取决于人们自由时间的自我选择的正当性，而休闲教育所要解决的问题正是如何实现人们休闲选择的正当性问题。从这一意义上来讲，休闲、休闲教育与人的自由全面发展之间有着天然的联系，如何利用自由时间进行自我选择构成了休闲、休闲教育与人的自由全面发展相统一的逻辑基础。加强高校休闲教育，首先要正确认识社会休闲与促进人的全面发展的辩证关系，着力引导大学生自觉地把休闲与实现自由全面发展有机结合起来。在教育观念上，既要尊重大学生自由时间的自我选择，又要科学引导大学生自由时间的自我选择，以社会主义核心价值观为统领，帮助大学生树立正确的休闲价值导向，实现自我选择与社会责任相统一。在教育方式上，既要强化高校休闲教育主体责任，实行全员全过程休闲教育目标责任制，切实把休闲教育作为一种素质教育渗透到教学和管理之中，又要充分调动大学生的主体能动性，积极探索开放式、自主性、互动化的休闲教育实践路径，使大学生在丰富多彩的休闲文化体验中实现自我管理自我提高。

作为旨在促进大学生自由全面发展的休闲教育是一个系统工程，涉及高等教育诸多领域。由于笔者水平有限，研究仅是基于学生发展视角对高校休闲教育问题进行了初步探讨，尚有许多重大理论和实践问题需要进一步深入研究。比如，高校休闲教育如何与义务教育进行衔接、长期发展规划如何制定、教材体系如何建构、教育评价标准如何设置等等，需要学界从多学科的视角进行全面深入地系统研究，从而推动高校休闲教育更加广泛深入地开展。

参考文献

一　著作类

（一）经典著作

《马克思恩格斯选集》（第 1 集），人民出版社 2012 年版。

《马克思恩格斯选集》（第 2 卷），人民出版社 2012 年版。

《马克思恩格斯全集》（第 8 卷），人民出版社 1961 年版。

《马克思恩格斯全集》（第 23 卷），人民出版社 1972 年版。

《马克思恩格斯全集》（第 25 卷），人民出版社 1974 年版。

《马克思恩格斯全集》（第 46 卷上），人民出版社 1979 年版。

《马克思恩格斯全集》（第 46 卷下），人民出版社 1980 年版。

《马克思恩格斯全集》（第 47 卷），人民出版社 1979 年版。

《习近平谈治国理政》（第 1 卷），外文出版社 2014 年版。

（二）专著

（春秋）孔子：《论语》，杨伯峻、杨逢彬等注译，岳麓书社出版社 2000 年版。

（宋）程颐、程颢：《二程集》，中华书局 1981 年版。

（宋）朱熹：《四书集注》，岳麓书社 1987 年版。

（元）陈澔注：《礼记·聘义》，金晓东校点，上海古籍出版社 2016 年版。

（清）董皓：《全唐文》，上海古籍出版社 1995 年版。

《孔子孟子荀子乐论》，吉联抗译注，人民音乐出版社 1963 年版。

陈来成：《休闲学》，中山大学出版社 2009 年版。

陈鲁直:《民闲论》,中国经济出版社 2005 年版。
陈霞:《中国新型休闲伦理建构研究》,上海世界图书出版公司 2014 年版。
程遂营:《北美休闲研究:学术思想的视角》,社会科学文献出版社 2009 年版。
冯铁蕾:《人类为什么休闲》,浙江工商大学出版社 2018 年版。
冯友兰:《中国哲学简史》,北京大学出版社 2013 年版。
高兆明:《社会失范论》,江苏人民出版社 2000 年版。
顾明远:《中国教育的文化基础》,山西教育出版社 2004 年版。
韩延明主编:《高等教育学新论》,山东人民出版社 2012 年版。
扈中平:《教育目的论》,湖北教育出版社 1997 年版。
华东师大教育系、杭州大学教育系合编:《西方古代教育论著选》,人民教育出版社 2001 年版。
黄济:《教育哲学通论》,山西教育出版社 1998 年版。
李泽厚:《美的历程》,安徽文艺出版社 1994 年版。
李仲广、卢昌崇:《基础休闲学》,社会科学文献出版社 2004 年版。
联合国教育科文组织:《教育——财富蕴含其中》,联合国教科文组织总部中文科译,教育科学出版社 1996 年版。
林语堂:《人生的盛宴》,湖南文艺出版社 1988 年版。
刘邦凡:《社会休闲与休闲治理》,吉林人民出版社 2014 年版。
刘晨晔:《休闲:解读马克思思想的一项尝试》,中国社会科学出版社 2006 年版。
刘海春:《生命与休闲教育》,人民出版社 2008 年版。
楼嘉军:《休闲新论》,立信会计出版社 2005 年版。
卢梭:《论人类不平等的起源》,高修娟译,上海三联书店 2009 年版。
陆丽琼:《西方休闲价值观研究》,经济科学出版社 2015 年版。
陆有铨:《现代西方教育哲学》,北京大学出版社 2012 年版。
罗伟:《闲雅与人生——休闲的伦理学考查》,经济日报出版社 2008 年版。
马惠娣:《休闲:人类美丽的精神家园》,中国经济出版社 2004 年版。
马惠娣:《自由与审美——休闲的两只翅膀》,文化艺术出版社 2014

年版。
潘立勇等：《休闲文化与美学建构》，南京大学出版社 2017 年版。
庞桂美：《闲暇教育论》，江苏教育出版社 2004 年版。
裴娣娜：《教育研究方法导论》，安徽教育出版社 2002 年版。
宋瑞主编：《全球休闲范例城市研究》，社会科学文献出版社 2012 年版。
孙林叶：《休闲理论与实践》，知识产权出版社 2010 年版。
唐湘辉：《休闲经济学：经济学视野中的休闲研究》，中国经济出版社 2009 年版。
王天一等：《外国教育史》，北京师范大学出版社 1993 年版。
王旭丽：《人的全面发展与人的幸福》，社会科学文献出版社 2020 年版。
王雅林、董鸿扬：《闲暇社会学》，黑龙江人民出版社 1992 年版。
吴文新：《大众休闲与民闲社会 胶东半岛城市休闲发展状况研究》，黑龙江人民出版社 2009 年版。
吴文新：《唯物史观视域中的休闲：享受和发展》，中国农业大学出版社 2013 年版。
吴文新、张雅静：《休闲学导论》，北京大学出版社 2013 年版。
叶澜：《教育概论》，人民教育出版社 2006 年版。
于光远：《论普遍有闲的社会》，中国经济出版社 2005 年版。
于光远、马惠娣：《休闲、游戏、麻将》，文化艺术出版社 2006 年版。
于光远、马惠娣：《于光远、马惠娣十年对话》，重庆大学出版社 2008 年版。
袁俊平等：《人的全面发展理论与高校思想政治教育创新发展研究》，西南交通大学出版社 2017 年版。
张楚廷：《高等教育学导论》，人民教育出版社 2010 年版。
张永红：《马克思的休闲观及其当代价值》，湖南人民出版社 2010 年版。
章海荣、方东起：《休闲学概论》，云南大学出版社 2005 年版。
章辉等：《民国休闲教育文萃》，云南大学出版社 2018 年版。
章培恒等编：《嵇康诗文选译》武秀成译注，凤凰出版社 2011 年版。

钟学富:《休闲哲学》，中国社会科学出版社 2009 年版。

[德] 赫尔巴特：《普通教育学》，李其龙译，人民教育出版社 2015 年版。

[德] 雅斯贝尔斯:《什么是教育》，邹进译，生活・读书・新知三联书店 1991 年版。

[德] 约瑟夫・皮珀：《闲暇：文化的基础》，刘森尧译，新星出版社 2005 年版。

[法] 保尔・朗格朗:《终身教育引论》，周南照、陈树清译，中国对外翻译出版公司 1985 年版。

[古希腊] 亚里士多德：《形而上学》，吴寿彭译，商务印书馆 1959 年版。

[古希腊] 亚里士多德:《亚里士多德全集》（第九卷)，颜一、秦典华译，中国人民大学出版社 1994 年版。

[荷] 约翰・赫伊津哈：《游戏的人》，何道宽译，花城出版社 2007 年版。

[美] 爱德华・桑代克:《教育心理学》，张奇译，中国人民大学出版社 2015 年版。

[美] 查尔斯・K. 布莱特比尔:《休闲教育的当代价值》，托尼・A. 莫布莱修订，陈发兵等译，中国经济出版社 2009 年版。

[美] 查尔斯・K. 布莱特比尔：《休闲教育与当代价值》，陈发兵、刘耳、蒋书婉译，中国经济出版社 2009 年版。

[美] 凡勃伦:《有闲阶级论》，蔡受百译，商务印书馆 1964 年版。

[美] 杰弗瑞・戈比:《21 世纪的休闲与休闲服务》，张春波等译，马惠娣校译，云南人民出版社 2000 年版。

[美] 杰弗瑞・戈比：《你生命中的休闲》，康筝译，云南人民出版社 2000 年版。

[美] 卡拉・亨德森等:《女性休闲：女性主义视角》，刘耳等译，云南出版社 2004 年版。

[美] 克里斯多夫・爱丁顿、陈彼得:《休闲：一种转变的力量》，李一译，浙江大学出版社 2009 年版。

[美] 克里斯多弗・R. 埃廷顿等：《休闲与生活满意度》，杜永明译，

中国经济出版社 2009 年版。

［美］托马斯·古德尔、杰弗瑞·戈比：《人类思想史中的休闲》，成素梅译，云南人民出版社 2000 年版。

［美］约翰·杜威：《民主主义与教育》，王承绪译，人民教育出版社 2001 年版。

［美］约翰·杜威：《我的教育信条》，彭正梅译，上海人民出版社 2013 年版。

［美］约翰·凯利：《走向自由——休闲社会学新论》，赵冉译，云南人民出版社 2000 年版。

［苏］B. A. 苏霍姆林斯基：《给教师的建议》，周蕖等译，长江文艺出版社 2014 年版。

［苏］赞科夫：《教学与发展》，杜殿坤等译，人民教育出版社 1985 年版。

［英］J. 曼蒂等：《闲暇教育理论与实践》，叶京等译，春秋出版社 1989 年版。

［英］赫伯特·斯宾塞：《教育——智育、德育和体育》，王占魁译，人民出版社 2016 年版。

［英］克里斯·布尔等：《休闲研究引论》，田里、董建新等译，云南大学出版社 2006 年版。

［英］克里斯·罗杰克：《休闲理论原理与实践》张凌云译，中国旅游出版社 2010 年版。

二　期刊类

Toni Falbo 等：《独生子女大学生的心理健康和人际关系——兼对独生子女“刻板印象”的讨论》，《广西民族大学学报（哲学社会科学版）》2011 年第 5 期。

白华：《大学新生休闲教育的内涵、价值与路径》，《国家教育行政学院学报》2016 年第 5 期。

曹平等：《美国休闲课程认证标准对中国休闲体育专业课程建设的启示》，《沈阳体育学院学报》2011 年第 2 期。

陈建华：《教育为休闲生活做准备——兼论教育与休闲关系的历史嬗

变》，《教育研究》2011 年第 10 期。

陈静：《休闲教育：大学生和谐人格培养的新思考》，《北京青年政治学院学报》2011 年第 1 期。

程硕，贾存显：《独生子女大学生与非独生子女大学生焦虑和抑郁症状的比较》，《中国心理卫生杂志》2019 年第 10 期。

段海丹等：《大学生无聊感与隐性逃课：手机依赖的中介作用》，《电化教育研究》2021 年第 10 期。

高静：《论高校思政课程的素质教育目标及其实施路径》，《江苏高教》2021 年第 7 期。

共青团陕西省委课题组：《“校园贷”问题产生的原因及防范建议——陕西大学生“校园贷”调查报告》，《预防青少年犯罪研究》2018 年第 4 期。

韩美兰：《高校德育应重视对学生休闲价值观的教育》，《教育理论与实践》2007 年第 6 期。

韩庆祥：《个性概念分析》，《求是学刊》1993 年第 1 期。

侯玲：《休闲教育：现代大学生的必修课》，《黑龙江高教研究》2005 年第 10 期。

胡炳政：《大学生休闲活动与应激、抑郁、幸福感的关系研究》，《中国全科医学》2015 年第 19 期。

胡建华：《素质教育视野下的高校人才培养模式改革》，《中国高教研究》2015 年第 12 期。

胡姣、陈思睿：《大学生碎片化学习注意力影响因素的实证研究》，《现代远距离教育》2021 年第 3 期。

扈中平：《“人的全面发展”内涵新析》，《教育研究》2005 年第 5 期。

孔姣：《生态系统理论视角下的大学生闲暇教育路径研究》，硕士毕业论文，河南师范大学，2013 年。

雷希等：《核心自我评价对大学生抑郁的影响：应对方式和人际关系困扰的链式中介作用》，《中国临床心理学杂志》2018 年第 4 期。

李爱军、陈曦：《现代休闲教育实施策略初探》，《兰州学刊》2008 年第 12 期。

李凯：《公共道德生活中伦理责任模式的三维结构》，《湖南师范大学社会科学学报》2021 年第 6 期。
李丽梅等：《中国城市休闲化水平综合测度与区域差异研究》，《当代经济管理》2016 年第 4 期。
李伟志：《休闲教育与大学生的全面发展》，《山西师大学报（社会科学版）》2011 年第 S1 期。
凌小萍：《从失范到规范：当代中国休闲伦理教育探究》，《广西社会科学》2017 年第 5 期。
刘晨晔：《论休闲经济研究的理论经济学意义》，《旅游学刊》2006 年第 10 期。
刘海春：《论马克思的人本理想与休闲教育目标》，《自然辩证法研究》2005 年第 12 期。
刘海春、吴之声：《休闲教育：青少年"成为人"与全面发展的新维度》，《自然辩证法研究》2016 年第 9 期。
刘海春：《休闲教育初探》，《广西社会科学》2005 年第 7 期。
刘慧梅、戈登·沃克：《文化、自我建构与中国人的休闲》，《浙江大学学报（人文社会科学版）》2014 年第 4 期。
刘小容：《休闲教育：高校思想政治教育的新视角》，《南京政治学院学报》2013 年第 3 期。
刘宇文、张鑫鑫：《素质教育视野下的大学休闲教育》，《高等教育研究》2009 年第 1 期。
柳建坤等：《体育锻炼、亲子关系与青少年心理健康——来自中国教育追踪调查的证据》，《中国青年研究》2021 年第 5 期。
陆彦明、刘加霞：《论消费主义时代中休闲教育的价值》，《首都师范大学学报（社会科学版）》2003 年第 4 期。
陆扬：《亚里士多德论休闲》，《黑龙江社会科学》2011 年第 3 期。
吕斐宜：《论大学生休闲教育的意义、内容与策略》，《中南民族大学学报（人文社会科学）》2015 年第 1 期。
罗春潮、莫碧珍：《论休闲的和谐价值》，《理论月刊》2011 年第 3 期。
罗林：《中国高校实施休闲体育教育的必要性及其途径分析》，《江西教育科研》2007 年第 11 期。
马惠娣：《瞭望休闲学研究之前沿》，《洛阳师范学院学报》2010 年第

1 期。

马惠娣、刘耳：《“家训”在古代人休闲教育中的功能——兼及“女训”与“女红”考》，《洛阳师范学院学报》2012 年第 12 期。

马惠娣、刘耳：《社会转型：对中国传统休闲价值的回望》，《洛阳师范学院学报》2012 年第 1 期。

马惠娣：《休闲问题的理论探究》，《清华大学学报（哲学社会科学版）》2001 年第 6 期。

庞柏：《浅论休闲教育的必要性》，《教育与教学研究》2010 年第 8 期。

庞桂美等：《学校教育目标系统中的闲暇教育目标探讨》，《天津市教科院学报》2003 年第 4 期。

庞海芍、郇秀红：《素质教育与大学教育改革》，《中国高教研究》2015 年第 9 期。

庞学铨、程翔：《休闲学在西方的发展：反思与启示》，《浙江社会科学》2019 年第 4 期。

庞学铨、程翔：《休闲学在西方的发展现状与未来——基于知识图谱的学科建制视角》，《浙江大学学报（人文社会科学版）》2020 年第 1 期。

庞学铨：《休闲学研究的几个理论问题》，《浙江社会科学》2016 年第 3 期。

曲建武等：《对大学生个性发展与社会责任感培养的理性思考》，《中国高教研究》2001 年第 12 期。

曲杨等：《大学生手机依赖与焦虑抑郁共病症状的关联》，《中国学校卫生》2021 年第 12 期。

邵玉辉：《美国大学休闲专业课程设置对中国的启示》，硕士毕业论文，山东师范大学，2007 年。

石硕：《探高校艺术设计学科中休闲教育理念的导入》，《美苑》2015 年第 1 期。

宋瑞：《休闲与生活质量关系的量化考察：国外研究进展及启示》，《旅游学刊》2006 年第 12 期。

“素质教育的概念、内涵及相关理论”课题组：《素质教育的概念、内涵及相关理论》，《教育研究》2006 年第 2 期。

孙敏明：《高校休闲教育现状与对策解析——以宁波市高校为例》，《黑龙江高教研究》2011 年第 5 期。

陶培之：《人的全面发展：休闲消费的伦理之维》，《苏州大学学报（哲学社会科学版）》2008 年第 4 期。

王坤庆：《当代西方精神教育研究述评》，《教育研究》2002 年第 9 期。

王梦阳：《青少年运动行为对抑郁倾向的影响：基于动机和主观体验的中介效应》，《体育与科学》2021 年第 6 期。

王双：《学校休闲教育的意涵、价值与策略》，《教育评论》2017 年第 4 期。

王学：《教育功利性取向的德性反思》，《南京师大学报（社会科学版）》2021 年第 2 期。

王占华：《民国时期小学休闲教育初探及启示》，《教育研究与实验》2015 年第 4 期。

闻杨等：《通识教育背景下休闲体育教育价值评价体系的研究：以四川省高校为例》，《首都体育学院学报》2016 年第 4 期。

吴长青等：《“五育文化”特色育人的探索实践》，《教育研究》2017 年第 3 期。

吴朝晖：《努力构建以立德树人、全面发展为导向的人才培养体系》，《中国高教研究》2019 年第 3 期。

吴慧芳：《个性及思想政治教育个性化》，《理论与改革》2005 年第 4 期。

吴文新：《科学发展观视野中的休闲》，《自然辩证法研究》2004 年第 10 期。

吴文新：《自由价值：休闲商品化及其价值形态演变的逻辑归宿》，《当代中国价值观研究》2016 年第 2 期。

吴小龙：《试论中国隐逸传统对现代休闲文化的启示》，《浙江社会科学》2005 年第 6 期。

吴育林：《论马克思的劳动休闲观》，《自然辩证法研究》2006 年第 7 期。

肖朗、陈家顺：《杨贤江的“全人生指导”思想——“人的全面发展”教育思想本土化的范例》，《教育研究》2006 年第 9 期。

肖笑飞，眭依凡：《高等教育教学改革的任务、基础与质量——周远清高等教育教学改革理念及实践探析》，《中国高教研究》2020 年第 9 期。

许斗斗：《马克思休闲价值思想探析》，《学术研究》2006 年第 5 期。

严蓉，刘靖君：《“幸福”观视角下大学生休闲教育论析》，《学校党建与思想教育》2017 年第 5 期。

颜怡、冯益平：《高校“五育并举”育人体系构建研究》，《学校党建与思想教育》2021 年第 20 期。

杨闰荣：《中国休闲及休闲教育研究综述》，《科技展望》2014 年第 16 期。

杨叔子、肖海涛：《文化素质教育是中国教育理论和实践的创新——杨叔子院士专访》，《苏州大学学报（教育科学版）》2021 年第 2 期。

杨维：《休闲教育与大学生社会主义核心价值观培育之关系辩证》，《学校党建与思想教育》2017 年第 11 期。

杨兆山、时益之：《素质教育的政策演变与理论探索》，《教育研究》2018 年第 12 期。

于桂芝：《劳动和休闲的哲学基础——马克思关于人的自由全面发展的再认识》，《社会科学战线》2004 年第 4 期。

张德聪：《台湾青少年休闲活动参与意向调查研究》，《青年探索》2017 年第 4 期。

张莉：《马克思休闲思想的实践机制建设》，《学术交流》2014 年第 3 期。

张雅静：《和谐休闲观：走向科学休闲的理念支撑》，《贵州师范大学学报（社会科学版）》2010 年第 4 期。

张永红：《马克思的休闲观及其当代价值研究》，博士毕业论文，中南大学，2010 年。

章辉：《孔子的休闲观念、休闲境界与休闲人格美》，《湖南社会科学》2020 年第 4 期。

赵宏：《学校休闲教育研究》，硕士毕业论文，华东师范大学，2004 年。

赵敏霞：《80 后职业女性休闲教育研究——以幼儿教师为例》，硕士毕业论文，四川师范大学，2014 年。

郑红丽等：《中国青年无聊感与吸毒行为关系研究》，《中国青年研究》2020 年第 6 期。

郑胜华、刘嘉龙：《我国休闲教育的现状与发展构想》，《高等教育研究》2007 年第 2 期。

郑胜华：《迎合体验式需求——应对休闲时代旅游发展的主导策略》，《旅游学刊》2006 年第 10 期。

周洪宇、李宇阳：《论建设高质量教育体系》，《现代教育管理》2022 年第 1 期。

附录一

高校大学生休闲及休闲教育调查问卷

亲爱的大学生朋友：

您好！衷心感谢您填写此份问卷！

这是一份关于高校大学生休闲及休闲教育的调查问卷，共包括三大部分。本问卷采用匿名方式，调查数据只应用于学术研究，我们郑重承诺对您所填信息严格保密！请您根据自己的实际情况认真阅读选项并如实填写。再次感谢您的帮助和支持！

祝您学业有成！生活愉快！

第一部分 基本信息（该部分主要了解您的个人基本信息，共6个题目）

1. 您的性别

A. 男　　B. 女

2. 您的年级

A. 大一　　B. 大二　　C. 大三　　D. 大四

3. 您的专业

A. 文史类　　B. 理工类　　C. 艺术/体育类

4. 您的生源地

A. 城市　　B. 农村

5. 您是否是独生子女

A. 是　　B. 否

6. 您父母其中一方最高学历

A. 初中　　B. 高中　　C. 中专　　D. 大专　　E. 本科

F. 研究生

第二部分 大学生休闲及休闲教育（该部分主要了解您在校期间休闲表现情况及所在学校休闲教育实施情况，共 14 个题目）

1. 您每月生活费

A. 0—500　B. 501—1000　C. 1001—1500　D. 1501—2000

E. 2001—2500

2. 您每月用于休闲的费用是：

A. 0—300　B. 301—600　C. 601—900　D. 901—1200

3. 您每天的平时休闲时长是

A. 1 小时以下　B. 2 小时　C. 3 小时　D. 4 小时

E. 5 小时及以上

4. 您周末及寒暑假每天的休闲时长

A. 1 小时以下　B. 2 小时　C. 3 小时　D. 4 小时

E. 5 小时及以上

5. 您如何评价您现在的身体健康状态？

A. 非常差　B. 差　C. 一般　D. 好　E. 非常好

6. 您如何评价您现在的心理健康状态？

A. 非常差　B. 差　C. 一般　D. 好　E. 非常好

7. 休闲类型具体测试项目。（该部分包括 11 个题目，选项有 4 个等级，请仔细阅读下面的句子，选择最符合您情况的选项）

	从不 0	偶尔 1	经常 2	总是 3
1. 和家人/朋友聚会（KTV/酒吧/咖啡馆/茶馆/书吧）	○	○	○	○
2. 观看演唱会/歌剧/话剧/音乐会/相声演出等	○	○	○	○
3. 逛街/散步/看电影	○	○	○	○
4. 玩棋牌/桌游/室内游戏	○	○	○	○
5. 唱歌/跳舞/欣赏音乐/画画/弹奏乐器等艺术活动	○	○	○	○

续表

	从不 0	偶尔 1	经常 2	总是 3
6. 参加个人兴趣爱好方面的学习/培训/读书	○	○	○	○
7. 参加学校/学院组织的社团活动	○	○	○	○
8. 公益活动/志愿者	○	○	○	○
9. 健身/游泳/打球	○	○	○	○
10. 旅游/爬山/郊游/跑步	○	○	○	○
11. 上网/电脑/手机	○	○	○	○

8. 休闲活动组织方式具体测试题目。（该部分包括 11 个题目，请仔细阅读下面的句子，选择最符合您情况的选项）

	结伴 0	独自 1
1. 和家人/朋友聚会（KTV/酒吧/咖啡馆/茶馆/书吧）	○	○
2. 观看演唱会/歌剧/话剧/音乐会/相声演出等	○	○
3. 逛街/散步/看电影	○	○
4. 玩棋牌/桌游/室内游戏	○	○
5. 唱歌/跳舞/欣赏音乐/画画/弹奏乐器等艺术活动	○	○
6. 参加个人兴趣爱好方面的学习/培训/读书	○	○
7. 参加学校/学院组织的社团活动	○	○
8. 公益活动/志愿者	○	○
9. 健身/游泳/打球	○	○
10. 旅游/爬山/郊游/跑步	○	○
11. 上网/电脑/手机	○	○

9. 休闲动机具体测试题目。（该部分包括 8 个题目，选项有 4 个等级，请仔细阅读下面的句子，选择最符合您情况的选项）

	从不 0	偶尔 1	经常 2	总是 3
1. 培养兴趣爱好、自我提升	○	○	○	○
2. 释放压力、自我调节心情	○	○	○	○
3. 强身健体、增强体质	○	○	○	○
4. 自我价值实现	○	○	○	○
5. 社会交往、与家人、朋友之间交流	○	○	○	○
6. 融入集体的需要	○	○	○	○
7. 碍于情面，被动参与	○	○	○	○
8. 消磨时间、空虚无聊	○	○	○	○

10. 休闲影响因素具体测试题目。（该部分包括 21 个题目，选项有 5 个等级，请仔细阅读下面的句子，选择最符合您情况的选项）

	完全没影响 0	较少影响 1	有影响 2	较多影响 3	影响非常大 4
1. 休闲没有兴趣	○	○	○	○	○
2. 缺乏休闲活动的技能	○	○	○	○	○
3. 休闲活动没有吸引力	○	○	○	○	○
4. 学业过重、没有休闲时间	○	○	○	○	○
5. 休闲活动花费过多	○	○	○	○	○
6. 没有多余的钱进行休闲活动	○	○	○	○	○
7. 身体素质受限	○	○	○	○	○
8. 家人/朋友不支持	○	○	○	○	○
9. 没有人做伴	○	○	○	○	○
10. 与其他活动参与人关系不和	○	○	○	○	○
11. 同学中，相同爱好的人过少	○	○	○	○	○
12. 没有人邀请	○	○	○	○	○
13. 担心别人的看法	○	○	○	○	○
14. 休闲活动信息匮乏	○	○	○	○	○
15. 休闲设施陈旧	○	○	○	○	○
16. 休闲公共设施不足	○	○	○	○	○

续表

	完全没影响 0	较少影响 1	有影响 2	较多影响 3	影响非常大 4
17. 休闲环境复杂、安全感不足	○	○	○	○	○
18. 参加过程中失去兴趣	○	○	○	○	○
19. 参加人员过多	○	○	○	○	○
20. 距离休闲活动地点过远	○	○	○	○	○
21. 缺乏交通工具	○	○	○	○	○

11. 网络休闲具体测试题目。（该部分包括 8 个题目，选项有 4 个等级，请仔细阅读下面的句子，选择最符合您情况的选项）

	从不 0	偶尔 1	经常 2	总是 3
1. 参加自己感兴趣的网课	○	○	○	○
2. 电子阅读	○	○	○	○
3. 查资料	○	○	○	○
4. 听音乐	○	○	○	○
5. 追剧/看视频/看直播	○	○	○	○
6. 聊天	○	○	○	○
7. 玩游戏	○	○	○	○

12. 学校满意度具体测试题目。（该部分包括 5 个题目，选项有 5 个等级，请仔细阅读下面的句子，选择最符合您情况的选项）

	完全不符合 0	不太符合 1	中立 2	稍微符合 3	完全符合 4
1. 我在学校的学习生活很顺利	○	○	○	○	○
2. 我在学校感觉不错	○	○	○	○	○
3. 学校满足了我的需求	○	○	○	○	○

续表

	完全不符合 0	不太符合 1	中立 2	稍微符合 3	完全符合 4
4. 我在学校感觉舒服	○	○	○	○	○
5. 总之，我对我在学校的日常生活感到满意	○	○	○	○	○

13. 休闲满意度具体测试题目。（该部分包括 3 个题目，选项有 5 个等级，请仔细阅读下面的句子，选择最符合您情况的选项）

	完全不满意 0	不满意 1	基本满意 2	满意 3	完全满意 4
1 您对已参与休闲活动的方式是否满意？	○	○	○	○	○
2 您对您的休闲时长是否满意？	○	○	○	○	○
3 您对您的休闲活动效果是否满意？	○	○	○	○	○

14. 高校大学生休闲教育实施具体测试题目。（该部分包括 7 个题目，选项有 5 个等级，请仔细阅读下面的句子，选择最符合您情况的选项）

	完全没必要 0	没必要 1	不确定 2	有必要 3	完全有必要 4
1. 成立多种形式的休闲活动小组，由学生自由选择，相关老师定期参与引导	○	○	○	○	○
2. 通过班级微信群或公众号发布各类相关休闲信息	○	○	○	○	○

续表

	完全没必要 0	没必要 1	不确定 2	有必要 3	完全有必要 4
3. 以学校或学院范围举办多种类休闲活动	○	○	○	○	○
4. 学校与社会机构联合举办非营利性休闲活动，由学生自由选择参加	○	○	○	○	○
5. 通过校方参加校际间大学生休闲联盟	○	○	○	○	○
6. 提供休闲活动场所，保证良好休闲环境	○	○	○	○	○
7. 休闲教育评价对学生设置考核体系	○	○	○	○	○

附录二

高校休闲教育访谈提纲

一　院长的访谈提纲

院长：您好！本书旨在了解当前高校大学生休闲教育的一些情况。为更深入地把握问题本质，今天特向您请教一些关于高校休闲教育的问题。非常感谢您的支持！

1. 请您结合贵校的一些情况，谈谈您所了解的大学生休闲生活现状。

2. 您认为大学生休闲教育，最重要的是哪些方面？

3. 您认为高校休闲教育存在的必要性如何？

4. 您认为大学生的休闲与学业会存在冲突吗？

5. 您认为当下的大学生该接受怎么样的休闲教育？

6. 您认为应该在高校设置休闲教育课程吗？

7. 您认为目前高校进行休闲教育最大难点在哪？

8. 您认为从学生发展的角度来看，大学生在休闲能力上应该重点朝哪些方面强化？

9. 您认为大学生休闲教育与专业教育应该怎么实现彼此促进？

10. 休闲教育对大学生的素质养成有哪些不可替代的作用？

11. 目前高校教育的高质量发展进程中，休闲教育能够有哪些努力的方向？

12. 目前学校有没有在休闲教育方面相应的配套政策？（如无，为什么？）

二　教师（辅导员）的访谈提纲

老师（辅导员）：您好！鉴于您在高校多年的辅导员工作经历，今天特向您请教一些关于高校休闲教育的问题。本书旨在了解当前高校大学生休闲教育的一些情况，所了解的结果仅作研究之用，敬请放心。非常感谢您的支持！

1. 请您结合贵校的一些情况，谈谈您所了解的贵校大学生休闲生活现状。

2. 您认为大学生需要怎样的休闲生活？

3. 据您的了解，您认为当前大学生在休闲素养如何？

4. 您认为大学生的休闲生活与学生成人成才成功之间的关系是怎样的？

5. 您认为高校辅导员在休闲教育上应做些什么？

6. 作为一名辅导员老师，您平时如何引导学生休闲的？

7. 从您的工作实践来看，大学生休闲和学业之间有冲突吗？

8. 贵校有没有针对大学生休闲能力的提升有所作为？

9. 高校的第二课堂有类似的休闲教育的元素吗？

10. 在休闲教育上，作为辅导员和专业教师应该怎么分工和合作？

三　大学生的访谈提纲

学生：您好！向您了解一些关于休闲和高校休闲教育的问题。

1. 您认为您和周围同学的休闲活动如何？

2. 您的休闲和学业有冲突吗？

3. 平时都有什么活动？

4. 您对自己的休闲是否满意？（如果不，哪些不满意？）

5. 您为改善休闲都做过什么调整？

6. 您认为休闲对您的发展有怎样的作用？

7. 您如何期待学校对学生的休闲教育？